Mit Herz und Leidenschaft...

# Tomaten

## 244 Sorten für Garten, Balkon und Küche

von Adelheid Coirazza

2. Auflage, Februar 2021

# Impressum

**Titelbilder**
Vorderseite:
´Gargamel` (unten mittig),
Fruchtiges Tomaten-Türmchen (unten rechts)

Rückseite:
´Fahrenheit Blues` (links)

Seite 1:
´Bulgarisches Ochsenherz`

Seite 2:
´Yellow Vernissage`

Coirazza, A.
**Tomaten – 244 Sorten für Garten, Balkon und Küche**
Witten: Formosa-Verlag, 2021

ISBN 978-3-934733-15-2


Hevener Straße 18, 58455 Witten, Germany

Printed in Germany

# Vorwort

Neun Jahre nach der Erstveröffentlichung meines Tomatenbuches war es an der Zeit, dieses grundlegend zu überarbeiten und auf den neuesten Stand zu bringen. Hinzu gekommen ist ein umfangreiches Kapitel über das *Urbane Gärtnern*, denn immer mehr Menschen hinterfragen die Nahrungsmittelproduktion und möchten selber Hand anlegen, selbst wenn der Platz begrenzt ist.

Und was bietet sich vorrangig für die Kultur in kleinen Räumen an? Tomaten – fast jeder mag sie und fast jeder wünscht sich das Aroma der Tomaten wie zu *Großmutters Zeiten* zurück. Diesen Wunsch kann man sich erfüllen, denn *Paradeiser* wachsen nicht nur an fast jedem Ort auf dieser Welt, sondern sie sind annähernd das einzige Gemüse, das mit wenig Aufwand auf dem Balkon gezogen werden kann.

So einfach wie die Zubereitung, so einfach kann man sie selbst anbauen: Ein kleines Stück Garten oder ein großer Blumentopf, magere Erde wegen des besseren Aromas und ein sonniger Platz reichen aus.

Lassen Sie sich nach ersten Anbauerfolgen auf keinen Fall die Vielfalt der Tomatenvarietäten entgehen. Das Internet bietet alle Möglichkeiten, Samen von historischen Sorten, aber auch von Neuzüchtungen zu erwerben, die sonst kaum im Handel zu bekommen sind. Vor allem die historischen Varietäten wurden über Jahrzehnte, wenn nicht Jahrhunderte von Kleinbauern auf Geschmack, Beständigkeit und Ertrag selektioniert, sodass regionale Sorten entstanden, die robust und ertragreich sind.

In diesem Buch werden neben der ausführlichen Beschreibung von 158 Tomatensorten, basierend auf meinen persönlichen Erfahrungen im Klima der Köln-Bonner Bucht auch 86 Varietäten speziell für die Kultur auf Terrasse und Balkon vorgestellt.

Und was wäre eine Ernte ohne die entsprechenden Vorschläge zu Verarbeitung und Zubereitung nach südländischem Vorbild.

Eine Zusammenstellung von Bezugsadressen und eine Literaturliste sind angehängt.

Ich wünsche Ihnen nun bei der Suche nach Ihrer Lieblingssorte und der Entdeckung des ursprünglichen und einzigartigen Tomatenaromas viel Erfolg!

Adelheid Coirazza, Köln

# Inhaltsverzeichnis

´Fahrenheit Blues`

# Ein besonderes Nachtschattengewächs

## Kulturpflanzendiversität

Die Evolution hat seit der Entstehung des Lebens auf "MUTTER ERDE", also seit über 1 Milliarde Jahren, die uns heute bekannte Artenvielfalt hervorgebracht. Als der Mensch sesshaft wurde, hat er die Weiterentwicklung dieser Arten nicht alleine der Natur überlassen, sondern durch Auswahl besonderer Eigenschaften von Generation zu Generation versucht, Einfluss zu nehmen.
Bei dieser Zuchtwahl rückte neben traditioneller Nutzung mehr und mehr der ökonomische Aspekt in den Vordergrund. Was allerdings für die Zierpflanzen heute in besonderem Maße gilt, je ausgefallener und vielfältiger desto besser, hat für die Nutzpflanzen scheinbar kaum noch eine Bedeutung. Hier scheint das Motto zu gelten: Je einheitlicher in Form, Farbe und Geschmack, desto verkäuflicher.
Der Rückgang der Kulturpflanzendiversität wird von Experten mit bis zu 90% angegeben. In jeder Art schlummert ein genetisches Reservoir, das unwiederbringlich verloren geht. Es macht Sinn, dem entgegenzuwirken, indem wir wenigstens den Hausgarten zum Refugium biologischer Vielfalt machen.

**Ein guter Tipp:**

**Wer mehr über die Kulturpflanzendiversität erfahren möchte, dem sei das Vorwort zum Sortenbuch des privaten Samenarchivs von Gerhard Bohl empfohlen.**

◄ ▲ **Vielfalt in Rot und Gelb**

# Name und Herkunft

▲ Vermutlich handelte es sich um gelbe Tomaten, die zuerst nach Europa gelangten. Sie erhielten damals den Namen Pomo d`Oro, was übersetzt "Goldapfel" bedeutet.

Mit Ureinwohnern aus den Anden Perus gelangten die ersten johannisbeergroßen Wildformen der Tomate in die Gegend des heutigen Mexiko zu Azteken und Maya. Sie nannten sie tomatl, was so viel heißt wie Schwellfrucht.

Nicht als Wilde, sondern schon als Kulturpflanze brachten spanische Eroberer - allen voran Christopher Kolumbus - zu Beginn des 16. Jahrhunderts die Tomate zusammen mit der Kartoffel von einer Amerikafahrt mit nach Europa. Schnell muss sie den Weg von Spanien nach Italien gefunden haben, wo die Neapolitaner ihr den Namen Pomo d'Oro (Goldapfel) gaben. Offensichtlich war die Ursprungsfarbe nicht rot, sondern goldgelb. Es sollte noch lange dauern bis die Tomatenfrucht Einzug in die Küche hielt, denn die Europäer hielten sie für ungenießbar. Ob der intensive Geruch, die Ähnlichkeit mit anderen giftigen Nachtschattengewächsen oder der Verzehr von unreifen Früchten, der zu Schwindel und Bauchschmerzen führte, die Menschen zunächst vom Verzehr abhielt, weiß keiner so genau. Eine hübsche Zierstaude war sie allemal. Und doch muss es wieder in Neapel mutige Vorkoster gegeben haben, die Gefallen am Geschmack der Pomo d'Oro fanden und sie in der Folge mit der Pasta zu einem kulinarischen Paar machten. Von Italien aus begann die Tomate ihre Reise in die ganze Welt.

Im 19. Jahrhundert taucht sie in Nordeuropa in botanischen Gärten unter dem lateinischen Namen *Poma amoris* (Liebesapfel ) auf, ein Hinweis darauf, dass der Tomate immer etwas Mystisches anhaftete und man ihr aphrodisierende Wirkungen zuschrieb. Die Österreicher nennen sie heute noch Paradeiser und haben sich vor dem Beitritt zur Europäischen Union ausbedungen, diesen Namen als Handelsnamen beibehalten zu dürfen.

▼ Botaniker gaben dem Nachtschattengewächs den Namen *Solanum lycopersicum* bzw. *Lycopersicon esculentum* (essbarer Wolfspfirsich).

# Botanik

*Lycopersicon esculentum* ist als Nachtschattengewächs verwandt mit Kartoffel, Paprika und Aubergine. Die Tomate ist die Frucht einer kriechenden, strauchartigen, nicht frostharten Pflanze, die in tropischen Regionen als zweijährige, in gemäßigten Zonen als einjährige Pflanze gezogen wird. Sie neigt dazu, sich stark zu verzweigen, d.h. in den Achseln der Blätter Seitentriebe und eine Vielzahl von gelben Blüten hervorzubringen. Mindestens 5 Blütenblätter umgeben die zwittrigen Geschlechtsorgane, die schon vor dem Aufblühen bestäubungsfähig sind.

▼ **Tomatenblüten sind eine Zierde.**

In der Regel sind Tomaten daher selbstbefruchtend, wobei der Wind durch die Erschütterung der Pflanze als Befruchtungshilfe dienen kann. Sorten mit weit herausstehendem Griffel wie Wildtomaten und kartoffelblättrige Sorten sind allerdings für Fremdbestäubung anfällig, zumal die Narbe nach dem Öffnen der Blüte 1 bis 2 Tage befruchtungsfähig bleibt. Dies kann unerwünscht sein, wenn samenechte Sorten beibehalten werden sollen. Hummeln, die Tomatenblüten besuchen, erzeugen durch ihren Flügelschlag ebenfalls Erschütterungen, die sich auf die Bestäubung auswirken.

▲ **Hummeln besuchen gerne Tomatenblüten.**

Botanisch bezeichnet man die Tomatenfrucht als Beere. Es gibt sie in vielen verschiedenen Farben und Größen von 1 g bis 1000 g. Zur Verankerung der Tomatenpflanze im Boden

# Nahrung ist die beste Medizin

Einst gefürchtet, Liebeswahn hervorzurufen ist die Tomate heute weltweit die Nummer 1 unter den Gemüsen auf der Beliebtheitsskala. Gründe hierfür gibt es reichlich - hier ein paar Fakten und Zahlen:

- **135 Millionen Tonnen Weltjahresproduktion**
- **4,5 Millionen ha Anbaufläche weltweit**
- **25 kg pro Kopf Jahresverbrauch in Deutschland**
- **94 % Wasser, daher geringer Kaloriengehalt (17 kcal bzw. 73 kJ pro 100 g)**
- **Reich an wasserlöslichen Vitaminen und Mineralstoffen**
- **Hoher Gehalt an Karotinoiden (Sekundäre Pflanzenstoffe)**
- **Fettarm, kaum Kohlenhydrate**
- **Reich an Ballaststoffen**
- **Frei von Cholesterin**

| Inhaltsstoffe | Menge/100g |
|---|---|
| Kohlenhydrate | 2,6 g |
| Eiweiß | 0,9 g |
| Fett | 0,2 g |
| Ballaststoffe | 1,0 g |
| Kalium | 250 mg |
| Natrium | 5 mg |
| Magnesium | 14 mg |
| Kalzium | 10 mg |
| Eisen | 0,5 mg |
| Phosphor | 15 mg |
| Lykopin | 11 mg |
| Querzetin | 0,8 mg |
| Vitamin A | 100 µg |
| Vitamin B1 | 0,06 mg |
| Vitamin B2 | 0,04 mg |
| Vitamin C | 25 mg |
| Vitamin E | 0,8 mg |

Neben den primären Pflanzenstoffen Kohlenhydrate, Eiweiß und Fett, die den Aufbau der Zellen und die Energieversorgung sichern, sind in den letzten Jahren die sekundären Pflanzenstoffe immer mehr in den Mittelpunkt des Interesses gerückt. Sie geben den Pflanzen nicht nur Aroma, Duft und Farbe, sondern regulieren ihr Wachstum, schützen sie vor Fressfeinden und Krankheitserregern und vor schädlichen Umwelteinflüssen wie UV-Strahlen.

Für die Bedeutung der menschlichen Gesundheit stehen die sekundären Pflanzenstoffe, zu denen die Karotinoide und Flavonoide gehören, inzwischen auf einer Stufe mit Vitaminen und Mineralstoffen.

Will man die Heil- und Nährkräfte der Tomate gänzlich ausnutzen, sollte man die Frucht sowohl roh als auch gekocht in Verbindung mit Fett oder Öl verzehren, denn gekochte To-

**Ein guter Tipp:**

**Um sich alle positiven Pflanzenstoffe zu Nutze zu machen, sollten Tomaten sowohl gekocht in Verbindung mit Fett oder Öl als auch roh verzehrt werden.**

matenprodukte verbessern die Lykopinaufnahme im Körper. Außerdem kann Lykopin einen natürlichen Lichtschutzfaktor von 3-4 aufbauen, sofern man täglich 15 mg dieses Stoffes (2-3 Früchte) zu sich nimmt. Im Ketchup und im Tomatenkonzentrat ist der Lykopingehalt um ein Vielfaches höher.
Im Übrigen machen Zucker und Fruchtsäuren den typischen süßsauren Geschmack der Tomaten aus. Grundsätzlich gilt: Je reifer die Frucht, desto höher der Zucker- und desto geringer der Säuregehalt. Bei empfindlichen Personen kann die Zugabe von ein wenig Zucker oder Honig die Säure verträglicher machen.

Kürzlich gelesen: Tomaten enthalten in der geleeartigen Schicht, die die Kerne umgibt, einen Stoff P3, der Thrombose vorbeugt (anti-aggregatory-effect). Tomatenstoffe wirken antiseptisch im Darm gegen Fäulnisbakterien (Darmputzer).

▼ **Tabellarische Übersicht der wichtigsten Inhaltsstoffe**

| Inhaltsstoff | Wirkung | Bemerkung |
|---|---|---|
| Anthocyane | Beugen Herz-Kreislauf-Erkrankungen vor und können vor Krebs schützen (Radikalenfänger) | Wasserlösliche Pflanzenfarbstoffe, die in violetten, blauen, oder blau-schwarzen Früchten enthalten sind. |
| Beta-Karotin (Karotinoid) | Als Vorstufe des Vitamins A gut für Augen, Knochenbau, Zähne, Haut; Antioxidans | In Verbindung mit Fett/Öl und durch Garen wird die Wirkung verbessert. |
| Flavonoide | Entzündungshemmend; stärken das Immunsystem; Antioxidans | Erhitzen und Zerkleinern erhöhen die Wirkung |
| Fruchtsäuren (Zitronensäure und Apfelsäure) | Regen Magensäfte an, unterstützen die Verdauung | "Appetitmacher" |
| Kalium | Reguliert den Wasserhaushalt; spielt beim Zellstoffwechsel eine Rolle; blutdrucksenkend und entwässernd; ist an der Steuerung des "Säure-Base-Haushalts" beteiligt | Wirkt einer chronischen Übersäuerung bei eiweißreicher Nahrung entgegen, "Antikatermittel" |
| Lykopin (Karotinoid) | Regt die Tätigkeit von Magen, Leber und Bauchspeicheldrüse an; beugt der Ablagerung von Cholesterin in den Arterien vor; schützt Augen und Haut vor UV-Strahlen; schützt vor einigen Krebsarten (Radikalenfänger) | Die Verfügbarkeit wird durch Erhitzen und Zugabe von Fett oder Öl erhöht; die Einlagerung von Lykopin in der Haut schafft zusätzlichen Sonnenschutz. |
| Tyramin (Aminosäure) | Wirkt sich positiv auf die Stimmung aus | "Glücklichmacher" |
| Vitamin C | Stärkt die Immunabwehr; kräftigt Bindegewebe und Gefäße; Antioxidans; behindert die Bildung von Nitrosaminen im Magen | 300 g (4 Früchte) decken den Tagesbedarf an Vitamin C |

◄▼ Die Samen werden von einer geleeartigen Schicht umgeben, die einen Stoff enthält der Thrombosen vorbeugt.

# Anthocyan macht aus roten Tomaten blaue

In den letzten Jahren sind immer mehr Tomatenvarietäten mit dunklem Fruchtfleisch und/oder dunkler Schale auf dem Markt erschienen. Es sind Sorten, die sich durch einen mehr oder weniger hohen Anteil an Anthocyanen auszeichnen.
Anthocyane gehören zu einer Gruppe der sekundären Pflanzenstoffe, den Flavonoiden. Es handelt sich um wasserlösliche Pflanzenfarbstoffe, die Blüten und Früchten eine intensiv rote, violette, blaue oder blauschwarze Färbung verleihen, aber auch in Blättern und Wurzeln vorkommen können.
Sie sitzen unter der Schale und ihre Ausfärbung hängt von der Lichtintensität ab. So kann es vorkommen, dass die lichtzugewandte Seite dunkler gefärbt ist als die lichtabgewandte Seite. Getoppt wird das Aussehen durch die Tatsache, dass unter den Kelchblättern mangels Licht ein sogenannter Erntestern entsteht. Viele dieser Neuzüchtungen sind noch nicht stabil und müssen weiter ausgelesen werden. Hier bietet sich dem Hobbyzüchter ein Feld für eigene Experimente.
Bei der Beschreibung der in diesem Buch vorgestellten Anthocyan-Tomaten werde ich auf die Samenfestigkeit nach meinen Erfahrungen jeweils hinweisen.
Anthocyane haben in den Pflanzen die Aufgabe:

- durch ihre Farbe Insekten anzulocken und so bei der Vermehrung zu helfen
- freie Radikale, die für die Alterung der Zellen verantwortlich sind, zu binden (Antioxidans)
- durch Absorbieren des UV-Lichtes eine Schädigung der DNA in den Zellkernen zu verhindern (Sonnenschutz)

▲ Erntestern als Folge von Lichtmangel unter dem Blütenkelch

Ähnliche Auswirkungen sollen diese dunklen Pflanzenfarbstoffe auch auf den Menschen haben: Sie fangen freie Radikale ab, beugen Herz-Kreislauf-Erkrankungen vor und schützen vor Krebs.

► **Möglicherweise ist die nebenstehende blaue Wildtomate der Ausgangspunkt für viele andere dunkle Sorten.**

▼ **Eine dieser prachtvollen Neuzüchtungen mit blau-violetten Bereichen ist ´Blue Beauty`.**

Das Auftauchen dieser dunklen Tomaten ist vor allem das Ergebnis von Züchtung. So wie die Ursprungstomate möglicherweise gelb war und aus dieser alle anderen Farben im Laufe der Evolution hervorgegangen sind, so reiht sich auch die dunkle Variante in diesen Prozess ein. Es gibt z.B. eine blaue Wildtomate mit winzigen und ganz dunklen Früchten. Sie könnte der Ausgangspunkt für viele weitere dunkle Varietäten sein.

Tatsache ist, dass der Trend zur dunklen, anthocyanhaltigen Tomate Züchter auf den Plan gerufen hat, die nun nach Lust und Laune dunkle Sorten mit beliebigen anderen kreuzen und daraus durch Selektionieren wunderschöne Neuzüchtungen kreieren. An der Oregon-State-University z.B. wurde eine dunkel gefärbte Tomate von Jim Myers und seinen Studenten gezüchtet, in der Gene von Wildtomaten stecken und die den Namen Blue OSU (Oregon State University) erhielt. Viele der nachfolgenden dunklen Sorten haben hier ihren Ursprung.

Britische Genetiker vom John Innes Centre in Norwich haben allerdings eine lila Tomate gezüchtet, indem sie zwei Erbanlagen aus dem Löwenmäulchen übertrugen, hier wurde also gentechnisch gearbeitet.

Keine Sorge, diese gentechnisch veränderten Tomaten sind bei uns noch nicht im Handel. In Kanada wurde allerdings bereits ein Feldversuch mit diesen Tomaten durchgeführt.

Bei den dunklen Tomaten handelt es sich also sowohl um solche, die durch Mutationen entstanden und dann selektioniert wurden (historische Sorten wie ´Schwarze Sara`, ´Black Russian`, ´Noire de Crimée`), als auch um traditionell gezüchtete, d.h. bewußt herbeigeführte Kreuzung und anschließende Selektion. (´Black Zebra`, ´Blueberry`, ´Antho Weiß`). Ich habe die Erfahrung gemacht, dass viele dieser dunkel gefärbten Tomatensorten besonders gut im Freiland gedeihen und verhältnismäßig wenig anfällig sind für die Kraut- und Braunfäule. Möglicherweise entsteht dieser Effekt durch Einkreuzen von Wildtomaten.

▲ Die fast schwarze ´OSU Blue` ist die Ausgangssorte für viele neue Züchtungen.

## Solanin, ein giftiges Alkaloid

Der frühere Glaube, Tomaten machten krank, ist durchaus ernst zu nehmen. Unreife Früchte, Spross und Blätter der Pflanze enthalten Solanin, ein giftiges Alkaloid, das in größeren Mengen verzehrt zu Vergiftungserscheinungen führt. Ab einer Dosis von 25 mg kann es zu Kratzen im Hals, Brechreiz, Kopfschmerzen und Sehstörungen kommen. 400 mg sind tödlich. Unreife Früchte können bis zu 32 mg Solanin pro 100 g Frischfrucht enthalten. In reifen Früchten ist das Solanin kaum noch nachweisbar. Es wird mit zunehmender Reife abgebaut. Das gilt ebenso für solche Tomatensorten, deren Früchte im ausgereiften Stadium grün bleiben.

**Ein guter Tipp:**

**Reife Tomaten verzehren, grüne Teile um den Stielansatz entfernen!**
**Unreife Tomaten, gleichwie verarbeitet, sollten nur in geringen Mengen verzehrt werden.**

## Stress macht Bio-Tomaten gesünder

Aktuelle Forschungen u.a. an der Universität Ceara in Brasilien haben bestätigt, was zu vermuten war: biologisch angebautes Gemüse ist gesünder. Die Forscher kamen zu dem Ergebnis, dass Bio-Tomaten zwar kleiner sind (mangels Stickstoffdünger), dafür aber mehr Zucker, Säuren und Vitamin C enthalten sowie auch mehr Phenole, Lykopin und Flavonoide (Radikalenfänger).
Im ökologischen Landbau werden weder stickstoffreiche Mineraldünger noch synthetisch hergestellte Pflanzenschutzmittel verwendet. Es kommen nur organische Dünger zur Anwendung. Die Bio-Tomaten sind auf eigene Abwehrkräfte angewiesen und produzieren vermehrt sekundäre Pflanzenstoffe.
Stress in Maßen führt, wie die Forscher glauben, zur erhöhten Produktion von Mikronährstoffen.

▲ Tomate ist nicht gleich Tomate, entdecken Sie die gesunde, schmackhafte Vielfalt aus eigener Ernte.

# Tomaten selber anbauen

**Ein guter Tipp:**

**Bei den ersten Früchten ist die Wahrscheinlichkeit einer Fremdbestäubung am geringsten. Ansonsten erhält man nur sortenreines Saatgut, wenn man die Pflanzen bis zum Ansetzen der Frucht durch eine Haube schützt.**

## Saatgutgewinnung

Ist man im Besitz verschiedener Tomatensorten, kann man aus ihnen Saatgut gewinnen, um sich für das kommende Gartenjahr neue Pflanzen zu ziehen.
Aus den Kammern einer vollreifen aufgeschnittenen Frucht wird der Samen herausgelöst und in ein kleines Gefäß ge-

geben. Um die keimhemmenden Stoffe, die sich in der geleeartigen Schicht befinden, unwirksam zu machen, lässt man den Samen einige Tage an einem warmen Ort fermentieren. Samenbürtige Krankheiten werden während der Fermentation weitgehend zerstört.
Es bildet sich mitunter eine Schimmelschicht und es beginnt zu riechen. Jetzt wird der Samen in einem kleinen Sieb ausgespült und auf einem saugfähigen Papier getrocknet. Hier hat sich im Gegensatz zur Küchenrolle die raue Seite von Packpapier oder das Löschpapier aus den Schulheften bewährt, da der Samen nicht festklebt und leicht mit einem großen Küchenmesser abgezogen werden kann. Für die Aufbewahrung eignen sich fest verschließbare dunkle Gefäße wie alte Filmdöschen. So behandelt bleibt der Samen mehrere Jahre keimfähig. Die Beschriftung sollte nicht vergessen werden.

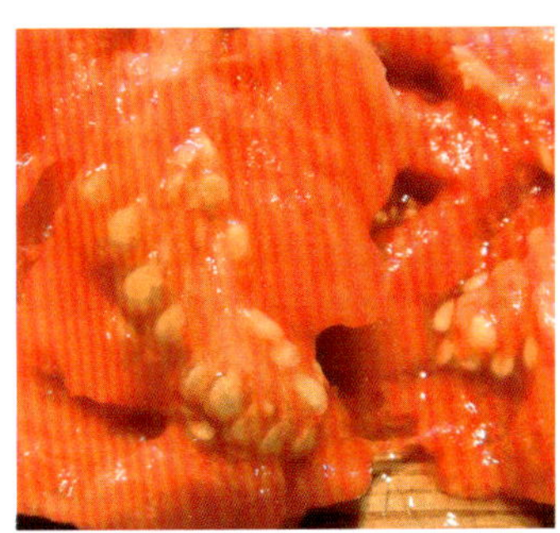

▲ Samen aus vollreifen Früchten

▲ Fermentation

# Aussaat

Im Frühjahr von Februar bis April wird der Samen in Anzuchttöpfen und feinkrümeliger, mäßig gedüngter Blumenerde nicht zu dicht ausgesät und dünn mit Erde bedeckt, da es sich um Dunkelkeimer handelt. Spezielle Aussaaterde ist nicht zwingend notwendig. Wer möchte, richtet sich bei der Aussaat nach dem Mondkalender.

▲ Trocknung der Samen

Methode 1: Je nach Menge der gewünschten Pflanzen pro Sorte wählt man ein Aussaatgefäß (Saatschale, Palette, Plastik- oder Tontopf) und füllt das Gefäß mit feinkrümeliger Erde bis knapp unter den Rand. Der Tontopf hat gegenüber einem Kunststofftopf den Vorteil, dass Wasser vom Ton aufgesaugt wird und so ein besserer Feuchtigkeitsausgleich stattfindet (siehe Umfaller-Krankheit).
Die Saatschalen müssen hell und warm stehen. Bei 20°C bis 24°C liegt die optimale Keimtemperatur. Mit Hilfe einer Sprühflasche sollte das Substrat gleichmäßig feucht gehalten werden. Der Keimvorgang dauert in der Regel 5 bis 7, kann aber auch bis zu 14 Tage dauern.
Nach Ausbildung des ersten richtigen Blattpaares werden die Jungpflanzen vorsichtig entnommen, um möglichst wenig Wurzeln zu beschädigen. Nun werden die Pflänzchen bis zu den Keimblättern in neues Substrat, das schon etwas gedüngt sein darf, gesetzt und leicht angedrückt. Für die Aufzucht nach dem Umtopfen empfiehlt sich eine etwas niedri-

▲ Lagerung

▲ ► Aussaatmethode 1 für die Produktion von größeren Stückzahlen.

gere Temperatur um ca. 18°C, da die Pflanzen sonst vergeilen, d.h. in die Höhe schießen, wobei der Stängel an Stabilität einbüßt.

Methode 2: Pro Gefäß werden nur 1 bis 3 Samen eingesetzt. Die schwächsten Jungpflanzen werden entfernt und beim neuerlichen Umtopfen in ein größeres Töpfchen kann der gesamte Wurzelballen mitgenommen werden, um eine Schwächung der Pflanzen zu verhindern. Es geht aber auch noch einfacher: Der Aussaattopf wird nur zur Hälfte mit feinkrümeliger Erde gefüllt und 1 bis 3 Samenkörner werden eingesetzt. Nach der Keimung werden die schwächeren entfernt und der Topf wird bis zu den Keimblättern mit Erde aufgefüllt. Bei dieser Methode muss allerdings schon etwas gedüngt werden, falls bisher nur mit nährstoffarmer Anzuchterde gearbeitet wurde.

In das endgültige Pflanzgefäß oder in die Erde setzt man die Tomatenpflanzen, wenn der Aufzuchttopf vollkommen durchwurzelt ist und mindestens ein weiteres Blattpaar entstanden ist.

▼ Das Pikieren (von links nach rechts)

- Keimling mit den beiden Keimblättern
- Mit dem ersten Blattpaar nach den Keimblättern erfolgt das Pikieren. Dabei möglichst viel Erde an den Wurzeln lassen.
- Vorbereitung des Pflanzlochs
- Pflanze bis zu den Keimblättern in die Erde einlassen.

◄▲ Bei der Aussaatmethode 2 werden 1 bis 3 Samen in einem kleineren Gefäß ausgebracht. Das untere Foto zeigt die fertigen Jungpflanzen für die Ausbringung am endgültigen Standort.

# Veredelung

Veredelung von Tomaten kann für den Hobbygärtner durchaus eine Herausforderung sein, ist aber mit ein bisschen Fingerspitzengefühl ebenfalls machbar. Die Vorteile liegen auf der Hand: Man pfropft eine beliebige Sorte auf eine Unterlage, die sich zum Beispiel durch Krautfäuleresistenz auszeichnet, wie eine Wildsorte.

Und so wird`s gemacht:

- Hände und Arbeitsfläche wegen der Infektionsgefahr reinigen, im Schatten arbeiten
- 2 Pflanzen mit etwa gleichen Stängeldurchmessern auswählen, die Unterlage sollte eingepflanzt bleiben
- 3 cm über der Wurzel einen waagerechten Schnitt mit einer desinfizierten Rasierklinge ausführen
- Einen Zahnstocher halbieren, wieder anspitzen und damit die beiden Pflanzenhälften verbinden, Schnittstelle zusätzlich mit einem Stück Schlauch stabilisieren
- Das Pfropfergebnis im feuchtwarmen Klima 1-2 Wochen schattig stellen und durchsichtige Plastiktüte oder Glasgefäß überstülpen, auf Luftzufuhr achten

**Ein guter Tipp:**

**Es geht noch einfacher: 1 bis 2 Samenkörner in einen größeren Blumentopf, der zur Hälfte mit Aussaaterde gefüllt ist, einsetzen. Nach der Keimung den schwächeren entfernen und bis zu den Keimblättern mit Erde auffüllen.**

► In unseren Breiten empfiehlt sich eine Überdachung als Regenschutz, sei es Marke Eigenbau oder aus dem Gartencenter

**Ein guter Tipp:**

**Nachtschattengewächse lieben warme Füße. Eine handvoll klein geschnittene Brennnesseln im Auspflanzloch wirkt wie eine Fußbodenheizung. Achtung: Direkte Berührung mit der Wurzel unbedingt vermeiden.**

▲ Schräges Einpflanzen fördert die Wurzelbildung.

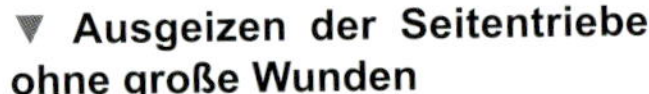

▼ Ausgeizen der Seitentriebe ohne große Wunden

lich von den Gegebenheiten abhängig. Für das Pflanzgefäß gilt eine Pflanze pro 10 l Gefäß. Zur nun folgenden Pflege gehört das regelmäßige Anbinden der höher wachsenden Sorten. Hierfür sind Spiralstäbe, Holz- oder Bambusstöcke, jede Form von Gitter, Schnüre oder Spaliere geeignet. Beim fortwährenden Ausgeizen der Seitentriebe - vorzugsweise mit dem Fingernagel - sollten unbedingt große Wunden vermieden werden. Diese wären ein Eingangstor für Pilze.

Man kann die Tomaten maximal 3-triebig, besser aber 1-triebig ziehen, um ein zu dichtes Blattwerk und dadurch mangelnde Durchlüftung zu vermeiden. Die verbliebenen Blätter brauchen Sonne, wohingegen die Früchte besser im Laubschatten reifen. Das Entfernen der unteren Blätter, die den Boden berühren, beugt wieder der Kraut- und Braunfäule vor, da der Pilz im Substrat überwintern kann. Ebenso wirkt das Abdecken des Bodens mit Mulchmaterial als Spritzschutz. Die Mulchschicht kann aus Brennnesseln, ungedüngtem und getrocknetem Grasschnitt (Heu), Beinwellkraut, Stroh oder Laub und vor allem auch aus gesunden Tomatenblättern bestehen. Sie unterstützt eine gleichmäßige Bodenfeuchtigkeit, eine lockere Struktur des Bodens, ausgewogenes Bodenleben und sie unterdrückt das Wachstum unerwünschter Kräuter.

Ich habe seit einigen Jahren sowohl im Folientunnel als auch im Freiland eine wasserdurchlässige Unkrautfolie ausgelegt, aus der ich 20x20 cm große Quadrate ausschneide, in die ich die Tomatenpflanzen setze. Die Folie erspart mir das regelmäßige Entfernen von unerwünschten Kräutern, hält den Boden gleichmäßig feucht und im Frühjahr auch warm. Im

Herbst wird die Folie entfernt und der Boden kann bis zur nächsten Pflanzperiode regenerieren.
Über diese Art des Anbaus sowohl im Freiland als auch im überdachten Freiland erhalte ich Informationen über die Kraut- und Braunfäuleresistenz der jeweiligen Sorten.

▲ **Adventivwurzeln an der Stängelbasis**

Häufig wird empfohlen, die Triebspitze Mitte August auszubrechen, damit die gesamte Kraft der Pflanze für das Ausreifen der Früchte aufgewendet werden kann. Dagegen spricht, dass bei Pilzbefall und Entfernen der kranken Blätter es immer noch einen Neuzuwachs an gesunden Blättern gibt. Im Zuge der Klimaerwärmung kann sich schließlich die Ernteperiode bis in den späten Herbst, im Gewächshaus auch schon mal bis Dezember hinausziehen. Frühes Köpfen würde die Möglichkeit einer späten Ernte zunichte machen. Außerdem erhöht junges Laub die Assimilationsrate, was wieder dem Aroma der Tomaten zu Gute kommt.

Tomaten neigen dazu, sogenannte Adventivwurzeln zu bilden. Es handelt sich um zusätzliche Wurzeln, die z.B. bei Kontakt mit Erde an der Sprossachse im unteren Bereich entstehen. Sie sind durchaus erwünscht, da sie für mehr Standfestigkeit sorgen und die Nährstoff- und Wasseraufnahme verbessern.

# Düngen und Gießen

**Ein guter Tipp:**

**Mit Stickstoff sparsam umgehen, da dieser das Blattwachstum verstärkt.**
**Eine Beetvorbereitung im Herbst für die kommende Saison ist ratsam.**

Zur Beetvorbereitung im Herbst oder auch zeitigen Frühjahr gehören das Entfernen unerwünschter Kräuter, die sich ansonsten immer wieder aussäen und im Frühjahr schnell wieder keimen, und das Auflockern des Bodens. Kompost, Mist, Gesteinsmehl oder Rinderdung und klein geschnittene Brennnesseln werden jetzt ebenfalls eingearbeitet. Anschließend sollte das Beet mit Mulchmaterial abgedeckt werden.

Greift man lieber auf Fertigdünger zurück, wird dieser allerdings erst zeitnah zum Einpflanzen der Tomatenpflänzchen dem Erdreich zugeführt, damit nicht der größere Teil des Düngers vom Regen in tiefere Erdschichten gespült wird. Spezielle Tomatendünger werden in verschiedenen Ausführungen angeboten. Der Tomatenliebhaber kann sich zwischen schnell wirkendem Flüssigdünger oder Depotdünger entscheiden. Mittlerweile ist ebenso ein 2-Stufendünger erhältlich, der eine Kombination aus schnell und langsam wirkendem Dünger darstellt. Speziell für die Balkonzucht gibt es Düngestäbchen und Düngedrops. Die Firmen Neudorff, Compo, Celaflor und NL Chrestensen bieten ein reichhaltiges Sortiment an. Will man sicher sein, dass der Boden im heimischen Garten weder über- noch unterversorgt ist, muss man in regelmäßigen Abständen von 2 bis 3 Jahren eine Bodenuntersuchung in einem dafür spezialisierten Labor machen lassen. Der finanzielle Aufwand ist nicht allzu hoch und man bekommt zum Ergebnis eine Düngeanweisung, die ja eventuell wieder Kosten spart.

**Ein guter Tipp:**

**Weniger Dünger wirkt sich erfahrungsgemäß positiv auf den Geschmack der Früchte aus.**
**Nach dem Fruchtansatz benötigen die Pflanzen vor allem kaliumbetonten Dünger.**
**Ausreichend mit Kalium versorgte Pflanzen sind weniger anfällig für Pilzkrankheiten und Blattläuse.**

**▲ Anbau im Süden in praller Sonne ohne Bewässerung**

Ein ausgesprochen heikles Thema ist das Gießen. Räumen wir an dieser Stelle einmal mit dem Ammenmärchen auf, Tomaten bräuchten viel Wasser. Wer südliche Länder bereist hat, weiß, dass Sonne und Wärme und nicht regelmäßige Wasserzufuhr den Tomaten ihr unverwechselbares Aroma bescheren. Die Pflanzen bekommen mitunter den ganzen Sommer über keinen Tropfen Wasser und bringen doch eine Vielzahl von Früchten an gesunden Pflanzen hervor. Zum einen führt unregelmäßige Wasserzufuhr zum Aufplatzen der Früchte bzw. zur Blütenendfäule, zum anderen leidet der Geschmack bei zu hohen Wassergaben.
Ich empfehle daher: Im Freiland wird so gut wie gar nicht gegossen, denn das erledigt der Regengott für uns und leider nicht immer zu unserer Zufriedenheit, und im Gewächshaus sparsam aber gleichmäßig. Tröpfchenbewässerung über einen perforierten Schlauch erweist sich als optimal, denn

die Pflanzen lernen, mit wenig Wasser umzugehen. Man kann sie auf Trockenheit konditionieren. Karge Haltung regt das Wurzelwachstum an. Je trockener die Pflanze gehalten wird, desto dicker wird die Wurzelrinde, es entstehen größere Zellen, wodurch sich die Kapillarwirkung erhöht. Gemindert werden kann der Trockenstress durch Kaliumgaben.
Und nicht zu vergessen: Feuchtigkeit lockt Schnecken an. Daher ist es empfehlenswert, in den Morgenstunden zu gießen.
Zu hohe Luftfeuchtigkeit durch Verdunsten von Wasser kann auch im Folientunnel und eher noch im schlechter durchlüfteten Gewächshaus zu Pilzbefall führen. Im September das Gießen einstellen. Der "Tomatenkaiser" aus Österreich, Erich Stekovics, gießt seine Tomaten erst, wenn sie ihre eingerollten Blätter am Morgen nicht wieder ausgerollt haben.

▲ **Tröpfchenbewässerung mit einem perforierten Schlauch sorgt für eine gleichmäßige aber insgesamt mäßige Feuchte.**

Filmtipp: Der Kaiser der Paradeiser

Wenn die Reifung der Tomaten verzögert ist, kann nachgeholfen werden:

- Brennnesseljauche oder Beinwelljauche 1 : 20 mit einer Handvoll Holzasche vermischt gießen.
- Eine überreife Banane in die Pflanze hängen. Das Reifungsgas Ethylen forciert die Rötung.
- Eine rote Folie auf der Erde ausbreiten. Wissenschaftler haben herausgefunden, dass durch die rote Farbe Reifungsdruck entsteht.

# Gute Nachbarn, schlechte Nachbarn

Es gibt eine Vielzahl von Gemüsesorten, die in Gemeinschaft mit Tomaten angebaut sich gegenseitig positiv bzw. negativ beeinflussen.
Gute Nachbarn sind: Kapuzinerkresse, Knoblauch, Spinat, Petersilie, Sellerie, Pfefferminz, Lauch, Kohl, Möhren, Bohnen Schnittlauch, Spargel, Basilikum, Radieschen, Rettich, Salat
Schlechte Nachbarn sind: Kartoffeln, Rote Bete, Erbsen, Fenchel, Gurken

**Drei gute Tipps:**

- **Salzwasser und Knoblauchbrühe sollen das Aroma der Tomaten intensivieren.**
- **Brennnesseljauche und andere Pflanzenjauchen als Dünger verwenden.**
- **Nach getaner Gartenarbeit können die Hände wie mit Zitronen auch mit Tomaten gereinigt werden.**

# Züchtung

▲ ´Granny's Throwing` zählt zu den alten Familiensorten.

Baut man viele verschiedene Tomatenvarietäten nebeneinander an, wird es immer wieder einmal zu einer Verkreuzung kommen. Die nachfolgende Tomatengeneration besitzt dann Eigenschaften beider Elternteile, und zwar in unterschiedlicher Kombination, es entstehen Hybriden. Daraus lassen sich durch Auslese neue Sorten mit neuen Eigenschaftskombinationen züchten (siehe auch Kapitel „Hybriden" im Buch Tomaten 2). Spontan auftretende Mutationen im Erbgut sind ein weiterer Evolutionsfaktor.
Die ´Schwarze Sara` wird an zwei unterschiedlichen Standorten angebaut, im Laufe von vielen Tomaten-Generationen nicht mehr identisch sein. Die Evolution schreitet voran, wobei die Standortbedingungen die Selektion bestimmen. So entstehen allmählich Familiensorten (´Omas Beste`, ´Nonna Antonia`, ´Onkel Gustav`, ´Aunt Ruby's German Green`, ´Granny's Throwing`). Wird Samen dieser Sorten weitergereicht, setzt sich der Prozess fort. Wer züchten möchte, entnimmt Samen von Sorten, die die gewünschten Eigenschaften haben und wiederholt dieses Vorgehen immer wieder.

**Ein guter Tipp:**

**Mücken und Ameisen machen einen großen Bogen um Tomaten.
Die Blätter der Tomate als Büschel aufgehängt vertreiben Insekten.**

## Die Kultur in Kürze

- **Sonnigen Standort auswählen, Tomaten sind Sonnenanbeter**
- **Pflanzabstand von 50-80 cm unterstützt die Belüftung**
- **Aufleiten oder Anbinden dient der Stütze**
- **Ausgeizen stärkt die verbliebenen Triebe**
- **Mäßiges Entblättern unterstützt die Belüftung**
- **Mulchen schafft gute Bodenstruktur und Bodenfeuchtigkeit**
- **Ausgewogene, kaliumbetonte Düngung sorgt für gesunde Pflanzen und aromatische Früchte**

**Nicht nur der Mangel, sondern auch ein Überangebot bestimmter Stoffe kann der Tomatenpflanze schaden. Beispiel: Eine Überdüngung mit Kalk verdrängt das Kalium, eine Überdüngung mit Kalium schränkt die Aufnahmefähigkeit für Kalzium ein (Kalium-Kalzium-Antagonismus).**

´German Gold`

## Umfaller-Krankheit

Ursache: Pilz, zu feuchtes Anzuchtsubstrat
Krankheitsbild: Abfaulen der Stängelbasis meist nur bei Jungpflanzen
Vorbeugung: Der Anzuchterde Sand beimischen, Keimlinge nicht zu dicht aufziehen, ausreichende Belüftung
Behandlung: Schachtelhalmbrühe, Chinosol-Lösung

**Ein guter Tipp:**

**Standort der Tomaten jährlich wechseln, keine Fruchtfolge mit Kartoffeln, kranke Pflanzenteile und Früchte aus dem Garten entfernen, niemals auf den Kompost geben.**

**Werkzeuge, Tomatenspiralen und Bindematerial mit heißem Wasser reinigen oder einmalig benutzen, z.B. Bambusstöcke.**

**Eine Nachzucht von Tomatenpflanzen in Reserve halten oder Geiztriebe als Stecklinge ziehen.**

# Schädlinge

## Weiße Fliege

Ursache: Eier, Larven und kleine weiße Fliegen (Mottenschildläuse) auf der Blattunterseite, Honig- und Rußtaubildung auf Blättern und Früchten
Krankheitsbild: Sowohl Larven als auch Fliegen saugen zuckerhaltigen Pflanzensaft, der teilweise wieder ausgeschieden wird (Honigtau), Rußtaupilze siedeln sich an.
Vorbeugung: gute Belüftung im Gewächshaus, Pflanzabstand, Gelbtafeln, Tagetes und Kapuzinerkresse unterpflanzen
Behandlung: Nützlinge wie Schlupfwespe oder Marienkäfer einsetzen, Kaliseife, Neem-Öl

**▲► Weiße Fliegen halten sich bevorzugt auf den Blattunterseiten auf und können im Gewächshaus oder im Folientunnel zur Plage werden.
Das obere Foto zeigt den anfänglichen Befall mit Rußtaupilzen an, die sich von den zuckerhaltigen Ausscheidungen der Weißen Fliegen ernähren.**

## Weitere Blattsauger

Ursache: Blattläuse, Wollläuse, Milben in Folge von überdüngten oder geschwächten Jungpflanzen, mangelnde Belüftung im Gewächshaus
Krankheitsbild: kümmernde Pflanzen
Vorbeugung: Pflegefehler vermeiden
Behandlung: Neem-Öl, im Gewächshaus käufliche Nutzinsekten einsetzen, z.B. Marienkäfer, Florfliege

**▲ Schnecken sind nur für Jungpflanzen eine Bedrohung. Vor der starken Behaarung größerer Pflanzen machen sie Halt.
In trockenen Sommern finden sich gelegentlich Fraßspuren an heruntergefallenen Tomaten.**

## Schnecken

Nacktschnecken stellen lediglich für die Jungpflanzen eine Bedrohung dar. Sie machen sich schon mal über die ersten zarten Blättchen her und vernichten damit den Haupttrieb. Die Pflanze erholt sich nur langsam, bildet aber Seitentriebe. Später, wenn der Stängel stark behaart ist, traut sich keine Schnecke mehr hinauf.

## Trauermücken

Ursache: feuchtes Anzuchtklima, nasses Substrat
Krankheitsbild: kränkelnde, bei massivem Befall absterbende Pflanzen durch Larvenfraß an den Wurzeln und der Stängelbasis, besonders bei Jungpflanzen eine Gefahr
Vorbeugung: Gelbtafeln, Jungpflanzen relativ trocken halten, Steinmehl und Neempresskuchen dem Anzuchtsubstrat beimischen
Behandlung: Lockstoff-Sticker

# Mangelerscheinungen

## Blütenendfäule

Ursache: Schwankungen in der Wasser- und Nährstoffversorgung, z.B. Kalziummangel
Krankheitsbild: runde, braunschwarze Flecken an der Blütenansatzstelle vor allem bei flaschenförmigen Tomatensorten
Vorbeugung: nicht nur mit kalziumarmen Regenwasser gießen, gleichmäßige Wasserversorgung, überdüngte, salzhaltige Böden vermeiden
Behandlung: Kalkzufuhr

**▼▶ Kein schöner Anblick – Fälle von Blütenendfäule**

**Um der Blütenendfäule vorzubeugen, sollten Schwankungen in der Wasserversorgung und Temperaturstürze vermieden werden. Ein pH-Wert des Bodens um 6,5 ist ebenfalls hilfreich.**
**Bei akuten Problemen hilft die Gabe von Kalzium. Lösen Sie eine Kalziumtablette aus der Apotheke in 1l Wasser auf und gießen Sie die Pflanzen damit.**

## Grünkragigkeit/Gelbkragigkeit

Ursache: Kaliummangel durch Stickstoffüberdüngung in Verbindung mit starker Sonneneinstrahlung
Krankheitsbild: Oberer Teil der Früchte am Stängel, der Kragen, reift nicht, ist verhärtet und ungenießbar, bleibt grün oder gelb.
Vorbeugung: Stickstoffüberdüngung vermeiden
Behandlung: Bei Auftauchen der ersten betroffenen Früchte mit Kalium nachdüngen, nicht weiter entgeizen oder entspitzen.

◄▲ Grünkragigkeit

## Magnesiummangel

▼ Magnesiummangel

Ursache: saurer Boden, eventuell Kaliumüberschuss, starke Entwicklung der Früchte
Krankheitsbild: Gelbfärbung später Braunfärbung der Blätter, die dann vertrocknen, Blattadern bleiben grün
Vorbeugung: pH-Wert des Bodens mit Kalk anheben
Behandlung: ausgewogen düngen, weniger Kalium, statt dessen Kalzium zuführen

Die folgenden Krankheiten/Schädlinge sind nicht so häufig:

- Tomatenwelke (Bakterienbefall)
- Stängelgrund-/ Wurzelfäule (verschiedene Pilze)
- Blattfleckenkrankheit (Pilz)
- Tomatenmosaikvirus (Virus)
- Korkwurzelkrankheit (Pilz im Boden)
- Samtfleckenkrankheit (Pilz)
- Minierfliege (Schädling)
- Tomatengoldeule (Schädling)

# Vorbeugende Maßnahmen in Kürze

- Gute Belüftung und Regenschutz verhindern feuchtwarmes Klima, in dem sich Pilze gerne ausbreiten
- Bewässerung im Wurzelbereich, denn Nässe am Blattwerk begünstigt Pilzbefall
- Gleichmäßige Bodenfeuchte verhindert Aufplatzen und Blütenendfäule
- Standort wechseln und die Nähe von Kartoffeln meiden, da diese Pilzüberträger sind
- Auf die Ernährung kommt es an: Fehlernährte Pflanzen sind anfälliger für Krankheiten
- Wunden vermeiden, denn diese sind Eingangstore für Pilze
- Pflanzenbrühen düngen und stärken die Pflanzen

▼ Werden die nebenstehenden Maßnahmen befolgt, kann sich jeder Pflanzenfreund im Sommer an prächtigen und gesunden Pflanzen erfreuen.

´Sleeping Lady`

# Tomaten genießen – Rezeptteil

Hat man viele Tomatenpflanzen gesetzt und hat der Sommer eine reiche Ernte beschert, stellt sich die Frage, wohin mit den vielen Früchten?

Da ich mit einem Sizilianer verheiratet bin und wir einen Nutzgarten unser eigen nennen können, finden sich in unserer Küche fast ausschließlich Rezepte mit mediterranen Zutaten. Selbst das Olivenöl entstammt inzwischen unserem eigenen Olivengarten auf Sizilien. Daher kommt auch nur dieses Fett/Öl zum Einsatz.
Viele der Zubereitungen haben wir der sizilianischen Küche abgeschaut, aber auch immer wieder durch eigene Experimente verändert. Hinzu kommt, dass Mario Amari, unser Neffe, in Rom als kreativer Koch tätig ist. Er hat als Gastkoch im Kölner „Casa di Biase“ kurzzeitig gearbeitet und mir an einem langen Wochenende viele seiner von den sizilianischen Großeltern überlieferten Rezepte verraten.
Seine Art der Nahrungszubereitung zeichnet sich häufig durch unspektakuläre Zusammenstellungen aus mit dem Ergebnis einer leichten mediterranen Küche. Die Zutatenliste ist verhältnismäßig übersichtlich und im Grunde hat man immer alles im Haus.

So hat sich im Laufe der Jahre ein gewisser Standard entwickelt.
Im Folgenden stelle ich nun Rezepte zur Vorratshaltung vor, aus denen sich sowohl schnelle und einfache - *fastfood* - als auch aufwändigere Zubereitungen - *slowfood* - entwickeln lassen.

▲ **Am Fruchtstiel befindet sich eine Sollbruchstelle, durch die sich die Möglichkeit bei der Ernte ergibt, die Kelchblätter an der Frucht zu belassen.**

# Ernten und Verarbeiten

Vieles spricht dafür, Tomaten vollreif zu ernten, weil ihr Zucker-Säure-Gehalt dann das optimale Verhältnis aufweist. Überreife Früchte schmecken schon wieder ein wenig fade.
Je schneller Tomaten verarbeitet werden, desto mehr profitiert man von ihrem Nährstoffgehalt. Dieser nimmt nämlich unter Einfluss von Licht, Wärme und Sauerstoff stetig ab. Tomaten im Kühlschrank büßen viel ihres Aromas ein. Es ist sinnvoll, sie bei einer optimalen Temperatur von 13-18 °C zu lagern oder sie vor dem Genuss auf Zimmertemperatur anzuwärmen.
Außerhalb des Kühlschrankes sind Tomaten einige Tage haltbar, je nach Sorte auch schon mal länger.
Tomaten sondern ein Reifungshormon ab, das Ethylen. Es beschleunigt neben der eigenen auch die Reifung anderer Gemüsesorten und lässt sie schneller verderben. Daher sollten Tomaten nicht mit anderen Gemüsesorten in Berührung kommen.
Vor dem ersten Frost müssen alle Früchte abgeerntet sein. Unreife Tomaten kann man bei Raumtemperatur und - falls möglich - hoher Luftfeuchtigkeit nachreifen lassen, indem man sie einzeln mit Papier umwickelt, in eine dunkle Pappschachtel legt oder anderweitig abdeckt und sie nicht der direkten Sonne aussetzt.
Eine weitere Möglichkeit besteht darin, Tomaten zusammen mit Äpfeln im Verhältnis 6:1 auf einer mit Papier abgedeckten Holzplatte auszubreiten und wiederum abzudecken.
Halbreife Tomaten können auch in einer Kiste mit Torf ohne gegenseitige Berührung zum Nachreifen gelagert werden.

**▼ Ein guter Tipp:**

**Die Tomatensaison lässt sich verlängern. Man hängt den gesamten Strauch mit reifen und unreifen Früchten kopfüber ohne Wurzel und Blätter an einem dunklen, warmen Ort - optimal 25°C - mit hoher Luftfeuchtigkeit auf und kann nach und nach ernten. Unter 10°C verzögert sich allerdings die Ausbildung des roten Farbstoffes.**

# Rezeptübersicht

## Vorratshaltung

## fastfood – schnell, einfach, gut

## slowfood – aufwändigere Zubereitung

# Vorratshaltung

## Scharfes Olivenöl

Einsteigen möchte ich mit einer gern verwendeten Zutat für viele der folgenden Gerichte. Anstelle von Pfeffer benutze ich häufig scharfes Olivenöl, zumal ich jedes Jahr eine Chilipflanze in meinem Garten habe. Ich nehme 1 bis 2 Chili, trockne sie und lege sie dann ganz in 250 ml Olivenöl. Je nach gewünschtem Schärfegrad entnimmt man die Chili nach 2 Tagen oder erst nach Wochen.
Ich dosiere dieses sehr scharfe Öl mit einer Pipette.

▼ Tomatenessenz ist hocharomatisch, sollte auf keinen Fall weggeschüttet werden. Pasta, Fisch, Kartoffeln kann man in ihr dünsten. Sie hat eine leicht süßliche Note. Trinken Sie die Essenz pur, man hat den Sommer wieder auf der Zunge. Die Italiener würden sagen: „La fine del Mondo!“

## Tomatenconcassée und Tomatenessenz

**Zutaten:**

- schälbare, dünnschalige, möglichst verschieden gefärbte Tomaten

**Zubereitung:**

- Tomaten häuten, das geht bei vielen Sorten einfacher als man denkt und ohne erhitzen, das Fruchtfleisch würfeln
- Erhitzen der Tomaten durch Eintauchen in heißes Wasser erleichtert das Schälen, ist aber eigentlich zu schade. Das Concassée lässt sich bestens in Portionen wie quadratischen Dosen einfrieren. Taut man es wieder auf, indem man es in ein Sieb gibt, trennt sich Fruchtfleisch von Tomatenwasser, der sogenannten Tomatenessenz.

◄▲ Concassée – Das Häuten ungekochter Tomaten geht bei vielen Sorten besser und schneller als man denkt.

# Tomatensugo und Tomatenmark

## Zutaten:

- 2 kg rote Tomaten (oder beliebig mehr)

## Zubereitung:

- Die ungehäuteten Tomaten werden in Wasser 2 Minuten aufgekocht, zum Abtropfen mindestens 30 Minuten in ein Sieb gegeben, mit einem Pürierstab zerkleinert und wahlweise durch eine „flotte Lotte" passiert, um Kerne herauszufiltern.
- Das entstandene Püree hat durch das Abtropfen die richtige Konsistenz und muss nicht mehr weiter eingedampft werden. Im Süden wird ein Teil dieser Sugo auf einem Holzbrett zu Tomatenmark getrocknet. Bei uns reicht die Sonne nicht aus, der Backofen ist die Alternative, braucht allerdings Stunden.

▼ Pürieren der gekochten Tomaten nach dem Abtropfen. Es können alle Farben von Tomaten zum Einsatz kommen, wenn die Farbe nicht stört. Diese Sugo kann portionsweise eingefroren oder in Flaschen/Gläsern eingekocht werden.

▲► Herstellung von Tomatensugo und -mark auf Sizilien (von links nach rechts):

- Abtropfen der gekochten Tomaten
- Eingekochte Sugo
- Eintrocknen von Sugo zu Tomatenmark auf einem Holzbrett in praller Sonne

# Tomaten trocknen, Tomatenleder

## Zutaten:

- Sogenannte „trockene" (saftarme) Tomaten, z.B. alle Flaschentomaten, verschiedene Farben machen sich gut
- Salz

## Zubereitung:

- Tomaten halbieren, leicht salzen und mit der Haut auf ein Backblech setzen.
- Bei 100 °C, die Ofentür sollte einen Spalt breit offen bleiben, dauert der Trockenvorgang 10 bis 20 Stunden. Die Tomaten verbleiben im Ofen bis sie ledrig geworden sind.
- Bei Tomaten mit höherem Saftanteil kann der Trockenvorgang verkürzt werden, indem man den Saft der Tomatenscheiben oder -viertel vorher zwischen zwei Baumwolltüchern herausdrückt.
- Zur Vorratshaltung kann man die getrockneten Tomaten vakuumieren. Sie können als Snack gegessen oder zum Würzen weiterverwendet werden.

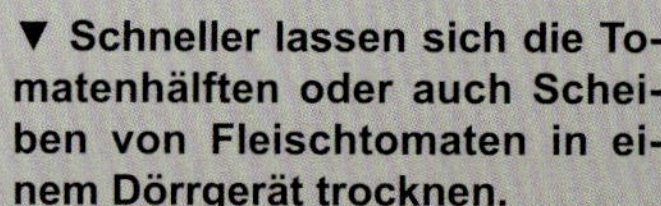

▼ Schneller lassen sich die Tomatenhälften oder auch Scheiben von Fleischtomaten in einem Dörrgerät trocknen.

◄▲ Trocknen von Tomaten (von links nach rechts):

- Trocknen von Tomatenhälften in der Sonne Siziliens
- Die getrockneten Hälften
- Tomatenleder

# Getrocknete Tomaten einlegen

## Zutaten:

- 200 g getrocknete Tomaten
- Olivenöl
- 3 ganze Knoblauchzehen
- 1 Handvoll Basilikumblätter
- 1 Telöffel Oregano
- Peperoncino je nach Schärfe und Geschmack
- Wahlweise in feine Streifen geschnittener Porree oder Zwiebel

## Zubereitung:

- Alle Zutaten abwechselnd in ein großes Gefäß schichten und mit Olivenöl übergießen, bis sie vollkommen bedeckt sind.

Da die Geschmacksstoffe auf eine geringere Masse konzentriert wurden, sind die trockenen Tomaten überaus aromatisch. Die eingelegten Tomaten werden mit der Zeit im Olivenöl wieder etwas weicher. Es empfiehlt sich, 3 bis 4 Wochen mit dem Verzehr zu warten.

▲ Tomatenflocken (rechts) und -pulver machen sich ebenfalls als Deko gut.

# Tomatenpulver, Tomatenflocken, Tomatensalz

## Zutaten:

- alle Tomatenreste, die bei der Zubereitung anfallen wie abgezogene Haut, Überreste aus der flotten Lotte, Wildtomaten, Cocktailtomaten (keine grünen Teile)

▲ Das Tomatenpulver mit Salz vermischt ergibt ein aromatisches Tomatensalz. Wegen der hohen Belastung der Meere mit Mikroplastikteilchen benutze ich seit geraumer Zeit kein Meersalz mehr. Die Belastung des Meersalzes fanden Forscher an der Universität in Shanghai heraus.

## Zubereitung:

- Das gesamte Tomatenmaterial zu einem Brei zerstampfen oder mit dem Pürierstab zerkleinern
- Den Brei trocknen, entweder auf einem mit Backpapier ausgelegtem Backblech bei 100 °C im Backofen mit leicht geöffneter Tür oder in einem Dörrgerät. Auch in letzterem empfiehlt sich das Aufstreichen auf Backpapier
- Nach dem Trocknen wird das Material vom Backpapier abgezogen, zerbröselt und in einem elektrischen Zerkleinerer zu Flocken oder Pulver verarbeitet.

► Aus Tomatenhaut wird Tomatenpapier, schön zum Dekorieren.

**Ein guter Tipp:**

**Tomatenflocken und -pulver haben stark verdichtetes Aroma und können daher als Geschmacksverstärker nicht nur der Tomatensauce beigemischt werden, sondern z.B. auch Fleischsaucen und allem, was gut mit dem Tomatengeschmack korrespondiert.**

# Ketchup aus Tomatensugo

## Zutaten:

- 1 Zwiebel
- ½ L nicht gewürztes Tomatensugo
- 1 kleines Stück Ingwer
- 1 Nelke
- 1 Knoblauchzehe
- 1 mm scharfe Chili (alternativ 1 bis 2 Tropfen scharfes Olivenöl)
- ½ TL Fenchelsamen
- ½ TL Koriandersamen
- 50 ml Rotweinessig
- 30 g brauner Zucker
- Olivenöl

▼ Das Ketchup ist bis zu 2 Wochen im 0°C- Kühlschrank haltbar, kann aber auch eingekocht oder in kleinen Portionen eingefroren werden.
Ketchup von verschieden gefärbten Tomaten, getrennt zubereitet, macht sich besonders gut.

## Zubereitung:

- Zwiebel schälen, fein würfeln und in wenig Olivenöl 15 Minuten dünsten.
- Fenchel, Koriander, Nelke im Mörser fein zerstoßen oder fein mahlen und mit allen Gewürzen zu den Zwiebeln geben.
- Die Tomatensugo zugeben mit Salz und Pfeffer abschmecken.
- Essig und Zucker einrühren und alles einmal aufkochen lassen.
- Nach dem Abkühlen die Masse fein pürieren und durch ein Sieb streichen.

▲ Alternativ lassen sich die Tomaten auch mit Caponata füllen (siehe Caponata-Rezept). Geröstete Weißbrotwürfel sind hier die Dekoration.

# fastfood - schnell, einfach, gut

## Gefüllte Tomaten mit Avocadocreme

**Zutaten für 4 Personen:**

- 1 reife Avocado
- 1 Knoblauchzehe
- 2 EL Zitronensaft
- 20 Cocktailtomaten (auch kleine Rundtomaten)
- Einige Salatblätter
- Salz, Cayennepfeffer

**Zubereitung:**

- Avocado schälen, halbieren, den Kern entfernen und das Fruchtfleisch zerkleinern.
- Knoblauch schälen und mit der Avocadomasse fein pürieren (Pürierstab).
- Die Creme mit Zitronensaft, Salz und Cayennepfeffer abschmecken.
- Von den Tomaten einen Deckel abschneiden, die Kernmasse herauslösen und mit der Avocadocreme füllen.
- Beliebig anrichten, hier mit Tomatenpulver und Salat.

▲ Besonders appetitlich wird`s, wenn man die Creme mittels eines Spritzbeutels einfüllt. Die grüne Creme macht sich optisch sehr schön zu roten, gelben, orangen und weißen Tomaten. Alle Sorten von Baguette passen hier gut.

# Karamellisierte Snacktomaten

## Zutaten für 4 Personen:

- Cocktailtomaten je nach Geschmack süß oder würzig
- 200 ml Wasser
- 125 g Zucker

## Zubereitung:

- Den Zucker im Wasser in einem Topf mit hellem Grund schmelzen und anschließend langsam weiter köcheln bis die Masse hellbraun karamellisiert ist. (Achtung: der Zucker verbrennt leicht)
- Den Karamell in einer kleinen Schale wieder etwas abkühlen lassen, bis er Fäden zieht, er darf aber nicht hart werden.
- Die Cocktailtomaten mit Hilfe eines Zahnstochers in die Zuckermasse eintauchen und abkühlen lassen.

▼ Die knusprige Zuckermasse in Kombination mit der weichen Frucht ist ein außergewöhnlicher Snack und führt zu einer kleinen Explosion im Gaumen.

◄ Mit der Karamellmasse kann man zusätzlich dekorieren.

▲ Hier wurden die kandierten Ofentomaten mit einer Büffel-Mozzarellakugel und kurz gebratenem Thunfisch angerichtet.

# Kandierte Ofentomaten

## Zutaten für 4 Personen:

- Je 20 kleine Eiertomaten verschiedener Farben
- 1 TL Puderzucker
- Frische Thymianblättchen
- 3-4 halbierte Knoblauchzehen

## Zubereitung:

- Tomaten halbieren und mit der Haut auf ein mit Backpapier ausgelegtes Backblech setzen.
- Mit gesiebtem Puderzucker überstreuen.
- Knoblauch und Thymianblättchen darüber verteilen und bei 160°C etwa 20 Minuten backen.

▼ ► Diese Tomaten passen zu Kartoffel-, Fisch- und Fleischgerichten, können aber auch als Snack gegessen werden.
Der Zucker unterstützt wunderbar das Tomatenaroma, ohne dominant zu sein.

# Tomatenbutter

## Zutaten für 4 Personen:

- 10 g Tomatenpulver
- 30 g Tomatenmark (konzentriertes Tomatensugo)
- Wahlweise 2 getrocknete, eingelegte Tomaten
- 125 g Butter
- 1 Knoblauchzehe
- Salz, Pfeffer

▲ Tomatenbutter gereicht mit Knäckebrot

## Zubereitung:

- Getrocknete Tomaten sehr fein schneiden, besser pürieren.
- Knoblauchzehe schälen und pressen.
- Tomatenpulver in Tomatenmark einrühren.
- Alle Zutaten in die Butter einkneten.
- Mit Salz und Pfeffer abschmecken.

► Die Tomatenbutter ist ein sehr aromatischer Brotaufstrich. Hier wurde sie mit einer Pizzastange kombiniert, garniert mit Tomatenpapier.

▲ Die Geleewürfel sind nicht nur ein Blickfang auf einem schön angerichteten Teller, sondern können als Aromawürfel weiterverwendet werden, hier in einer Kastanien-Tomatencremesuppe.

▼ Mit den Gelees kann wunderbar experimentiert werden, vor allem können diverse Kräuter eingearbeitet werden, sicher auch kleine Wildtomaten.

# Dreierlei Tomatengelee

## Zutaten für je 12 Würfel:

- je 200 ml Tomatensaft (Essenz, Saft von hellen Tomaten und Saft von dunklen Tomaten)
- je 4 g Agar-Agar (pflanzliches Geliermittel)
- je 1 EL weißen oder dunklen Balsamico
- Gewürze nach Wunsch: Salz, Pfeffer, scharfes Olivenöl, Kräuter

## Zubereitung:

- Alle Zutaten für je eine Farbe in einen Topf geben.
- Das Agar-Agar gut verrühren und mit dem Saft kurz aufkochen.
- Flamme schließen, Saft in einen geeigneten Behälter gießen (flache Plastikdose).
- Gelee abkühlen lassen, dazu wird keine zusätzliche Kühlung benötigt.

# Bunter Tomatensalat mit Avocado

▲ Alternativ kann die Avocado durch Orangenstücke ersetzt und die Tomaten können auf bunten Salatblättern angerichtet werden. Geröstete Sonnenblumen-, Kürbis-, Pinienkerne passen ebenfalls.

## Zutaten für 4 Personen:

- Tomaten aller Art
- 1 Avocado, nicht zu weich
- 3 El Olivenöl
- ½ El weißen Balsamico
- Salz, Pfeffer
- ½ TL süßen Senf (Honigsenf, Balsamicosenf)

## Zubereitung:

- Tomaten häuten (außer Cocktailtomaten) und in Würfel schneiden.
- Avocado aus der Schale nehmen, entkernen, würfeln.
- Eine Vinaigrette aus Olivenöl, Balsamico und Senf herstellen, mit Salz und Pfeffer abschmecken und über die Tomaten-Avocado-Mischung geben.

▼ Viele bunte Tomaten machen sich in diesem Salat gut. Ich persönlich liebe gehäutete Tomaten im Salat, das Häuten ist aber natürlich nicht zwingend notwendig und macht nur Sinn, wenn die Tomaten nicht erhitzt werden.

▲ Die Zutaten mit groß- und kleinblättrigem Basilikum

▲ Diese feine Tomatencreme bekommt durch das Aufschäumen einen Emulsionscharakter, sodass man sie zum Dekorieren verwenden kann. Sie ersetzt aber auch die übliche Tomatensauce, kann daher zu allen Pastagerichten gereicht werden.

# Marios Tomatencreme

## Zutaten für 4 Personen:

- Je 150 g kleine Eiertomaten gelb und rot
- Je 1 rote Zwiebel
- Je eine Knoblauchzehe
- Olivenöl
- Je einen Basilikumzweig
- Salz, Pfeffer

## Zubereitung:

- Sowohl für die rote als auch für die gelbe Creme wird ein kleiner Topf mit Deckel benötigt.
- Die Zwiebel klein schneiden, in wenig Olivenöl mit der Knoblauchzehe andünsten.
- Die gelben bzw. roten Tomaten zugeben.
- Je 1 Basilikumzweig obenauf legen, kleinblättriges ist aromatischer.
- Alles zusammen 10 Minuten auf kleiner Flamme köcheln lassen.
- Das Basilikum entnehmen.
- Je 1 Esslöffel Olivenöl zugeben.
- Die Masse mit einem Pürierstab in einem schmalen, hohen Gefäß 2 Minuten aufschäumen.

# Überbackener Feta

## Zutaten für 4 Personen:

- 1 –2 Fetakäse
- Einige süße Cocktailtomaten
- 1 süße Peperone und 5 schwarze Oliven
- 1 kleine Zwiebel und 1 Knoblauchzehe
- Salz, Pfeffer
- Olivenöl, Oreganoblätter
- Wahlweise Marios Tomatencreme

▲ Die Zutaten

## Zubereitung:

- Feta quer halbieren, eine Hälfte in eine kleine Auflaufform setzen.
- Tomaten halbieren, Oliven entkernen und klein hacken, beides auf die Fetahälfte geben und leicht salzen und pfeffern.
- Die 2. Fetahälfte aufsetzen. Die Peperone halbieren, mit den Zwiebelringen obenauf legen.
- Wiederum leicht salzen und pfeffern, mit etwas Olivenöl übergießen, mit Oreganoblättchen bestreuen.

▼ Zu diesem griechischen Snack passt wieder vorzüglich Marios Tomatencreme. Diese kann mitgebacken oder aber kalt dazu gereicht werden.

- Die Knoblauchzehe schälen, halbieren und neben den Feta ins Olivenöl legen.
- Im vorgeheizten Backofen bei 200°C unter dem Grill 20 Minuten überbacken.

# Sommerliches Pastagericht

## Zutaten für 4 Personen:

- Pro Person 100 g beliebige Pastasorte
- 500-1000g Tomatenconcassée frisch oder aufgetaut
- Salz, Pfeffer
- Frisches Basilikum
- 1 Knoblauchzehe
- 2-3 EL Olivenöl

## Zubereitung:

- Concassée mit Salz und Pfeffer abschmecken.
- Basilikum und Knoblauch fein gehackt unterheben.
- Mit Olivenöl übergießen.
- Concassée zur Pasta anrichten.

► **Dieses Gericht wird in Italien an sehr heißen Sommertagen gereicht.**
**Wenn man das Concassée leicht anwärmen möchte, sollten Basilikum und Olivenöl nach dem Anwärmen zugegeben werden.**

# Gefüllte Pizzastangen

## Frischkäsecreme – Zutaten für 4 Personen:

- Pizzastangen fertig kaufen
- 50 g getrocknete, nicht in Öl eingelegte Tomaten
- 1 EL Tomatenkonzentrat
- 200 g Feta
- 200 g Frischkäse
- 5 EL Olivenöl
- 1 Handvoll Gartenkräuter (Basilikum, Petersilie, Rucola, Knoblauch)
- Pfeffer, Chilipulver, Oregano

## Zubereitung:

- Feta und Frischkäse mit Olivenöl und Tomatenkonzentrat zu einer cremigen Masse verrühren, die fein gehackten Kräuter und getrockneten Tomaten unterheben und mit den Gewürzen abschmecken.
- Die Pizzastangen zur Hälfte aufschneiden und mit der Masse füllen.
- Nach Belieben garnieren.

**Ein guter Tipp:**

Das Tomatenpesto kann in Gläsern abgefüllt und mit Olivenöl abgedeckt mehrere Wochen im Kühlschrank gelagert werden und auch als Pastasauce verwendet werden. Nach Gebrauch muss die Oberfläche immer wieder mit Olivenöl bedeckt werden.

## Tomatenpesto - Zutaten für 4 Personen:

- 200 g getrocknete, in Öl eingelegte Tomaten
- 2 geschälte Knoblauchzehen
- 150 ml Olivenöl
- 50 g Pinienkerne (alternativ Kürbiskerne)
- 100 g gehobelte Parmesanspäne
- 1 Handvoll fein gehackte Gartenkräuter
- Salz, Pfeffer

### Zubereitung:

- Knoblauchzehen fein schneiden und mit den Pinienkernen leicht anrösten.
- Getrocknete Tomaten in Stücke schneiden und mit Olivenöl, Knoblauch und Pinienkernen mittels eines Pürierstabes zu einer cremigen Paste verarbeiten.
- Gartenkräuter und Parmesan unterheben.
- Mit Salz und Pfeffer abschmecken.
- Die Pizzastangen aufschneiden, mit der Masse füllen und nach Belieben garnieren.

▼ Bei diesem Rezept sind der Experimentierfreude keine Grenzen gesetzt. Man kann verschiedene Kräuter einarbeiten, aber auch klein geraspelte Nüsse, Pinienkerne, Kürbiskerne. In diesem Fall muss man sicher den Wasseranteil etwas erhöhen.

# Knäckebrot

## Zutaten für 4 Personen:

- 120 g Mehl (Dinkelmehl, Vollkornmehl)
- 120 g Haferflocken, 100 g Sonnenblumenkerne
- Je 50 g Sesam und Leinsamen
- 50 g getrocknete, klein geschnittene Tomaten
- ½ TL Salz, 2 EL Olivenöl, 500 ml Wasser

▼ Nach 15 Minuten Backzeit muss in Scheiben geschnitten werden, später kann das Knäckebrot nur noch zerbrochen werden.

### Zubereitung:

- Alle Zutaten in eine Schüssel geben und vermischen.
- 2 Backbleche mit Backpapier auslegen.
- Die Körnermasse 15 Minuten quellen lassen.
- Die Masse dünn auf das Backpapier streichen.
- Im vorgeheizten Backofen bei 170°C ca. 60 Minuten backen.

# Fruchtiges Tomatentürmchen

## Zutaten für 4 Personen:

- 1 Wassermelone möglichst ohne Kerne
- 3–4 Fleischtomaten (dekorativ sind die orange-gelb gestreiften)
- 1–2 rote Zwiebeln
- ¼ L Tomatenessenz
- 100 ml Sahne
- Etwas Petersilie und Basilikum
- Zitronenverbene, Sellerieblatt (alternativ Koriander)
- Salz, Pfeffer

## Zubereitung:

- Wassermelone halbieren, mit einem Metallring Formen herausschneiden, in 3 Scheiben schneiden.
- Tomaten häuten, in Scheiben schneiden.
- Zwiebeln in hauchdünne Streifen schneiden.
- Essenz mit dem Pürierstab aufschäumen.
- Sahne schlagen, unter die Essenz heben.
- Basilikum und Petersilie fein hacken, unter die Essenz heben, mit Salz und Pfeffer abschmecken.
- Wassermelonenscheiben, Tomatenscheiben, Zwiebelringe anrichten und in die Kräuteressenz setzen.
- Mit Zitronenverbene und Sellerieblatt oder anderen grünen Kräutern dekorieren.

▼ Dieses sehr fruchtige Türmchen ist vor allem ein leichter Snack, hübsch anzusehen auf einer Vorspeisenplatte. Mit den Kräutern kann man experimentieren. Wer mag, setzt frischen Koriander ein.

▲ Caponata - Die angebratenen Zutaten mit Tomatensauce.

# slowfood - aufwändigere Zubereitung

## Caponata

### Zutaten für 4 Personen:

- 2 Auberginen
- 3 Stiele vom Staudensellerie
- 1 rote Zwiebel
- 50 g Pinienkerne
- 1 Handvoll Korinthen
- 30 klein geschnittene grüne entkernte Oliven
- 1 EL Kapern
- 1 TL braunen Zucker
- 1 EL roten Essig
- Salz, Pfeffer
- Olivenöl
- 5 EL Tomatensugo

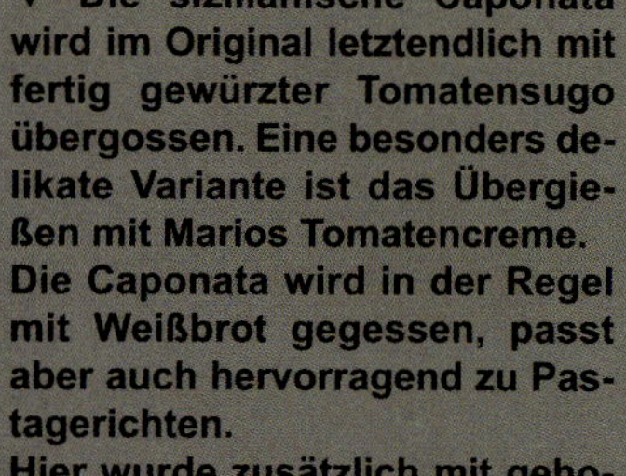

▼ Die sizilianische Caponata wird im Original letztendlich mit fertig gewürzter Tomatensugo übergossen. Eine besonders delikate Variante ist das Übergießen mit Marios Tomatencreme. Die Caponata wird in der Regel mit Weißbrot gegessen, passt aber auch hervorragend zu Pastagerichten.
Hier wurde zusätzlich mit gehobeltem Parmesan dekoriert.

### Zubereitung:

- Auberginen mit Schale würfeln und in Olivenöl hellbraun anbraten.
- Sellerie und Zwiebel klein schneiden und ebenfalls in Olivenöl anbraten.
- Alle übrigen Zutaten zugeben, kurz heiß machen und mit Salz und Pfeffer (wahlweise Chilipulver) abschmecken.

# Hähnchenschenkel im Backofen

▲ Die Hähnchenschenkel müssen regelmäßig mit Flüssigkeit übergossen werden, eventuell muss Wasser hinzugefügt werden, sonst wird das Fleisch zu trocken.

## Zutaten für 4 Personen:

- 4 Hähnchenschenkel
- 4 Knoblauchzehen
- Rosmarin, Oregano
- Salz, Peperoncino (scharfes Olivenöl)
- 1 Zitrone
- ¼ L Weißwein + ¼ L Wasser
- ¼ Tasse Olivenöl
- 8 EL Tomatenconcassée

## Zubereitung:

- Hähnchenschenkel trocken tupfen, salzen, in eine mit Olivenöl bepinselte Kasserole legen.
- Knoblauchzehen fein hacken, mit Gewürzen über den Schenkeln verteilen.
- Zitronenscheiben auflegen, Tomatenconcassée verteilen.
- Backofen auf 220°C vorwärmen, Hähnchen 30 bis 40 Minuten garen und weitere 10 Minuten den Grill hinzuschalten.

▼ Auch hier passt wieder wunderbar Marios Tomatencreme, dazu kann man Couscous, Reis oder Röstkartoffeln reichen.

# Minestrone

## Zutaten für 4 Personen:

- 200 g Bohnenkerne
- 8 – 10 Sträußchen Broccoli
- 3 Stiele eines Staudenselleries
- 1 Zwiebel
- 2 Kartoffeln
- 3 Möhren
- 3 gehäutete Fleischtomaten (alternativ Tomaten-concassée)
- 3 Zweige fein geschnittenes Basilikum
- Salz, scharfes Olivenöl
- Olivenöl
- 100 g Risoni (reisförmige Nudeln)

## Zubereitung:

- Alle Gemüse waschen, bis auf die Bohnenkerne klein schneiden und in Salzwasser kochen bis sie halb gar sind.
- Risoni zugeben und alles gar köcheln.
- Mit scharfem Olivenöl (3-4 Tropfen) abschmecken.
- Kurz vor dem Servieren jede Portion mit 2 EL frischem Olivenöl übergießen und Basilikum überstreuen.

► **In die original sizilianische Minestrone gehören kleine Nudeln (hier Risoni). Ohne diese ist sie ein leichtes Sommergericht und wird mit Brot gegessen. Wer Herkuleskeule anbaut, kann eine Handvoll junge Triebe ebenfalls in die Minestrone geben.**
**Die hier verwendeten grünen und lila Bohnenkerne sind 2 alte Sorten aus Südtirol.**
**Die Bohnenkerne können durch Linsen ersetzt werden.**

# Frikadellen in Sugo

## Zutaten für 4 Personen:

- 400 g Rinderhack
- 100 g Semmelbrösel
- 100 g geriebener Parmesan
- 1 Ei
- 50 g Sesam
- 1 fein geschnittene Knoblauchzehe
- 1 fein gehackte Zwiebel
- 1 EL Tomatenpulver
- Salz, Pfeffer, Oregano
- 1 Portion Tomatenconcassée und ½ L fertige Sugo
- Olivenöl
- Etwas Sahne oder Crème Fraîche

## Zubereitung:

- Zwiebel und Knoblauch in wenig Olivenöl etwas anrösten.
- Hack, Semmelbrösel, Parmesan, Ei, Sesam, Knoblauch, Zwiebel und Tomatenpulver gründlich miteinander vermischen.
- Die Mischung mit Salz und Pfeffer abschmecken.
- Kleine Hackbällchen formen und in Olivenöl beidseitig nicht zu dunkel anbraten.
- Eine fertige Sugo erhitzen, vom Feuer nehmen, das Concassée vorsichtig einrühren und mit etwas Oregano würzen.
- Etwas Sahne oder Crème Fraîche einrühren.
- Hackbällchen in die Sugo geben und anrichten.

▼ Die Hackbällchen können auch getrennt mit Concassée und Sugo angerichtet werden.

# Tomaten-Quiche

## Zutaten für 4 Personen:

- 75 g Butter
- 150 g Vollkornmehl
- 3-4 EL kaltes Wasser
- ¼ TL Salz, etwas Muskat
- 3-4 geschälte Fleischtomaten oder 500 g Concassée
- 2 kleine Zwiebeln
- Kräuter der Provence
- Olivenöl
- 400 g Hokaidokürbis (alternativ weiße Patisson)
- 100 g geriebener Parmesan
- 2 Eier
- 100 g Sahne
- 1 EL Weizenvollkornmehl
- Salz, Paprika, Muskat

## Zubereitung:

- Butter, Mehl, Wasser, Salz und Muskat schnell zu einem Teig kneten und kaltstellen.
- Tomaten, Zwiebeln, Kräuter der Provence in einem geschlossenen Topf in etwas Olivenöl 5 Minuten schmoren.
- Deckel abnehmen und die Hälfte der Flüssigkeit eindampfen.
- Hokkaido entkernen, in Würfel schneiden, in Olivenöl hellbraun rösten und zu den Tomaten geben.
- Eier, Sahne, Mehl, Parmesan, Salz, Paprika und etwas Muskat verquirlen.
- Eine Pie-Form mit dem Teig auslegen, die Ränder hochziehen, den Teig 20 Minuten bei 200°C vorbacken.
- Das Gemüse auflegen und mit der Eier-Sahne-Mischung übergießen.
- Die Quiche weitere 20-25 Minuten backen.
- Die fertige Quiche mit verschiedenen Tomatenscheiben belegen.

▲ Der Hokaido-Kürbis ist austauschbar durch anderes Gemüse: Zucchine, Aubergine, Porree, Süßkartoffel, weißer Patisson

# Pasta mit Zucchinestreifen

## Zutaten für 4 Personen:

- 1 große Zucchina, 1 rote Zwiebel
- 1 Glas Rotwein, 1 Schuß roten Essig
- Etwas Salz und Zucker
- Olivenöl
- Pasta nach Wahl
- Marios Tomatencreme

## Zubereitung:

- Die Zucchina 1 cm dick abschälen und die Schale in Streifen schneiden.
- Diese Streifen kurz (10 Sek.) in kochendes Wasser tauchen und umgehend in sehr kaltem Wasser abkühlen (al dente).
- Die Zwiebel hacken, in Olivenöl anbraten und anschließend 25 Minuten auf kleinster Flamme im geschlossenen Topf mit wenig Wasser köcheln.
- Rotwein zugeben und Flüssigkeit weiter reduzieren.
- Abschließend mit Salz, Zucker und Essig abschmecken und Zucchine zufügen.
- Pasta zubereiten, Gemüse aufschichten und mit heißer Tomatencreme anrichten.

**▼ Bei der Pasta muss es sich nicht um Spaghetti handeln, es passt jede andere Sorte.
Hat man junge Zucchine zur Verfügung, kann man sie ganz verwenden. Bei sehr großen Zucchine ist nur noch die Schale aromatisch, eine gute Gelegenheit, zu groß gewordene Zucchine noch zu verwenden.**

▲ Die Kräuterauswahl

# Lachsfilet im Tomatenbett

## Zutaten für 4 Personen:

- 6 große Fleischtomaten
- Salz, Zucker, Pfeffer
- 2 Basilikumzweige
- 1 Rosmarinzweig
- 1 Thymianzweig
- 2 Knoblauchzehen
- Etwas Olivenöl
- 1 Bund Petersilie
- 5 Basilikumzweige
- 1 Bund Schnittlauch
- 4 Streifen Lachsfilet mit Haut
- Salz, Pfeffer

## Zubereitung Tomaten:

▲ Die Ofentomaten können am Vortag zubereitet werden, müssen dann aber noch einmal kurz mit in den Backofen.

- Fleischtomaten häuten, halbieren und entkernen.
- Tomaten auf ein mit Backpapier ausgelegtes Backblech legen.
- Mit Salz und Pfeffer bestreuen.
- Kräuter als ganzen Zweig auflegen.
- Knoblauch häuten und in Scheiben auflegen.
- Alles mit Olivenöl beträufeln.
- Bei 140°C 1 Stunde backen

## Zubereitung Lachs:

- Petersilie, Schnittlauch, Basilikum fein hacken und mit etwas Olivenöl vermischen.
- Lachs auf der Haut in Olivenöl knusprig anbraten, anschließend salzen und pfeffern.
- Vom Feuer nehmen, mit der Kräutermischung auf der Seite ohne Haut bestreichen.
- Im geheizten Backofen 10 Minuten mit der Kräuterseite nach oben bei 220°C unter den Grill legen.
- Grill beenden und 5 Minuten den Fisch ruhen lassen.
- Lachsfilets auf den Ofentomaten anrichten, mit getrockneter Tomatenhaut garnieren.

# Tomatenflan

## Zutaten für 4 Personen:

- 600 g rote, sehr reife Fleischtomaten
- 100 g Tomatenkonzentrat/Tomatenmark
- 2 Knoblauchzehen
- Salz, Pfeffer, brauner Zucker
- 3 Eier
- 100 ml frische Sahne
- 100 g geriebene, gehäutete Mandeln
- 50 g geriebener Parmesan
- 100 ml Olivenöl
- 10 Zweige Basilikum

## Zubereitung:

- Tomaten entkernen, häuten und klein würfeln.
- Knoblauch schälen, pressen und zu den Tomaten geben.
- Tomaten 15 Minuten köcheln, sodass Flüssigkeit verdampft.
- Mit Salz, Pfeffer, Zucker abschmecken und pürieren.
- Tomatenpüree mit Eiern, Mandeln, Parmesan, Sahne und etwas gehacktem Basilikum durchmischen.
- Nochmals mit Salz und Pfeffer abschmecken.
- Backofen auf 140°C vorheizen, Fettpfanne zur Hälfte mit Wasser füllen.
- Flanförmchen fetten, Tomatenmasse zu ¾ einfüllen, und ins Wasserbad stellen.
- Flans 45 Minuten im Ofen stocken lassen, herausnehmen und 10 Minuten ruhen lassen.
- Für die Sauce die übrigen Basilikumblätter mit Olivenöl glatt pürieren, salzen und pfeffern.
- Flans vorsichtig vom Rand lösen und stürzen.
- Mit dem Basilikumpesto anrichten.

▼ Als Beilage zum Flan passt vor allem knuspriges Brot. Das Basilikumpesto kann auch durch ein Petersilienpesto ausgetauscht werden.

# Gamberoni zu Lauch-Tomaten-Risotto

▲ Durch das langsame Einrühren der Gemüsebrühe kann die Konsistenz des Risottos optimal festgelegt werden. Das Concassée wird nicht mit erhitzt, um es nicht zu zerkochen.

## Zutaten für 4 Personen:

- Pro Kopf 5 Gamberoni
- 6 Knoblauchzehen, geschält
- 4 Lauchstangen
- 250 g Risotto
- 1 L Gemüsebrühe
- 50 g geriebene Parmesanspäne
- 1 Handvoll Basilikum
- Reichlich Olivenöl, Salz, Pfeffer
- Frisches Concassée von 6 Fleischtomaten
- Rote und gelbe Tomatencreme

## Zubereitung:

- Die Gamberoni aus ihrer Schale nehmen.
- Knoblauchzehen in heißem Olivenöl goldbraun braten, beiseitestellen.
- Eine Lauchstange in längere Stücke unterteilen und in dünne Streifen schneiden, Lauchstreifen in heißem Olivenöl rösten, mit einem Schaumlöffel entnehmen, auf Küchenrolle ausbreiten.
- Restliche Lauchstangen in 1 cm Stücke schneiden und im Knoblauchöl auf niedriger Flamme weich dünsten, Knoblauch dazugeben.
- Reis einrühren, etwas Gemüsebrühe dazu gießen, nach und nach weitere Brühe einrühren, bis der Reis die richtige Konsistenz hat.
- Risotto vom Feuer nehmen, mit Salz und Pfeffer abschmecken, Parmesan und 2/3 des Concassée unterheben.
- Gamberoni in heißem Olivenöl wenige Minuten anbraten.
- Risotto mit Lauchstreifen anrichten, zu den Gamberoni geben.
- Mit Tomatencreme und Concassée servieren.

# Wildschweinkeule

▲ Die Zubereitung

## Zutaten für 4 Personen:

- 2 kg Wildschweinkeule (Schulter oder Hüfte)
- 1 große Karotte
- 1 große Zwiebel
- 1 Knoblauchzehe
- 1 Zimtstange
- 20 Nelken
- Schwarze Pfefferkörner
- 1 Rosmarinzweig, 5 Salbeiblätter, 1 Thymianzweig, 2 Lorbeerblätter
- Olivenöl
- 5 große Fleischtomaten, alternativ 500 g rohe Tomatensugo
- 1 Flasche Rotwein, eventuell Wasser
- 1 Stück Bitterschokolade

## Zubereitung:

- Karotte, Zwiebel, Knoblauch schälen, klein hacken, in Olivenöl kurz anbraten.
- Zimt, Nelken, schwarzen Pfeffer in ein quadratisches Baumwolltüchlein geben und zubinden.
- Fleisch aufrollen (falls das möglich ist) und mit einem Baumwollfaden fest umwickeln.
- Fleisch auf dem Gemüse 20 Minuten schmoren, immer wieder wenden.
- Tomatensugo (klein geschnittene, enthäutete Fleischtomaten), Rosmarin, Salbei, Thymian, Lorbeer zugeben.
- ½ Stunde köcheln lassen.
- Mit Rotwein und Wasser bis alles bedeckt ist auffüllen.
- Bitterschokolade und Gewürzsäckchen in die Flüssigkeit geben.
- Zugedeckt 2 Stunden köcheln lassen.
- Fleisch entnehmen und Flüssigkeit durch ein Sieb geben.

▼ Zum Fleisch passt wieder Marios Tomatencreme und Cous-Cous oder auch Kartoffelstampf, aber auch Tomatengratin. Hier wurde mit Süßkartoffelchips angerichtet.

# Ricotta-Gnocchi in Tomatenessenz

▲ Die Tomatenessenz ist nach dem Auftauen der gehackten Tomaten (Concassée) noch so aromatisch, dass es schade wäre, ihren Eigengeschmack mit vielen Gewürzen zu überdecken.

## Zutaten für 4 Personen:

- 250 g Ricotta
- 1 Bund Basilikum
- 1 Ei
- 75 g geriebener Parmesan
- 2 EL Semmelbrösel
- Salz, Pfeffer
- 1 L Tomatenessenz
- 1 TL weißer Balsamico

## Zubereitung:

- Ricotta abtropfen lassen.
- Basilikumblätter mit Ei mischen, fein pürieren, unter den Ricotta rühren.
- Parmesan und Semmelbrösel untermischen, mit Salz und Pfeffer abschmecken.
- Mit 2 Teelöffeln kleine Gnocchi formen.
- In einen Topf mit leicht siedendem Salzwasser geben.
- 5 bis 8 Minuten ziehen lassen bis sie an der Oberfläche schwimmen.
- Herausnehmen und abtropfen lassen.
- Tomatenessenz erhitzen, mit Salz, Pfeffer, Balsamico abschmecken.
- Gnocchi in heißer Tomatenessenz servieren.
- Mit Basilikumblättchen und sehr fein gehackter Tomate garnieren.

▼ Leckeres knuspriges Brot kann nach Belieben dazu gereicht werden.

# Weißer Tomatenschaum

## Zutaten für 4 Personen:

- 400 ml Tomatenessenz
- 100 ml Gemüsebrühe
- 125 ml Sahne
- 3 EL Crème Fraîche
- ¼ TL fein geriebene Orangenschale
- Salz, frisch gemahlener Pfeffer
- 1 Bund Schnittlauch

## Zubereitung:

- Tomatenessenz mit Gemüsebrühe aufkochen.
- Crème Frâiche und Sahne unterheben.
- Mit Orangenschale, Salz und Pfeffer abschmecken.
- Die Masse mit einem Pürierstab 2 Minuten aufschäumen.
- Mit fein geschnittenem Schnittlauch und Tomatenpapier dekorieren.

▼ Serviert mit etwas Brot haben wir hier ein lecker-leichtes Sommersüppchen.

# Rösti von viererlei Gemüse mit Tomatenconcassée

▲ Sowohl das Concassée als auch die Tomatencreme können kalt oder warm zu den Rösti gereicht werden.

## Zutaten für 4 Personen:

- 1 Zucchina (und/oder ½ kleinen Hokaidokürbis)
- 3 Möhren
- 2 Zwiebeln
- 5 große Kartoffeln
- 2 Eier
- Etwas Vollkornmehl
- Salz, Pfeffer
- Concassée von 5 Fleischtomaten
- Olivenöl

## Zubereitung:

- Möhren, Zwiebeln, Kartoffeln schälen und fein raspeln.
- Zucchina und/oder Hokaido mit Schale fein raspeln.
- Eier aufschlagen, mit Mehl vermischen und mit Salz und Pfeffer abschmecken.
- Gemüse mit den Eiern gründlich durchmischen.
- Olivenöl in einer Pfanne erhitzen.
- Flache große Taler aus der Gemüsemischung formen und im Öl beidseitig knusprig anbraten.
- Concassée mit Salz und Pfeffer abschmecken.

# Mediterraner Kartoffelsalat

## Zutaten für 4 Personen:

- 1 kg Kartoffeln
- 20 eingelegte Oliven
- 10 getrocknete, eingelegte Tomaten
- 20 g Pinienkerne (alternativ Kürbiskerne)
- 20-30 Cocktailtomaten (alternativ Concassée von 2 Fleischtomaten)
- Je 3 Petersilien- und Basilikumzweige
- 1 Bund Rucola, 2 rote Zwiebeln
- 1 kleine Knoblauchzehe (alternativ Knoblauchblätter)
- Olivenöl
- Salz, Pfeffer, Tomatenpulver

## Zubereitung:

- Kartoffeln mit Schale im Dampf garen, abschrecken, häuten, würfeln.
- Oliven und getrocknete Tomaten klein schneiden.
- Rote Zwiebeln und Knoblauch in feine Streifen schneiden und in Olivenöl glasig dünsten.
- Pinienkerne in Olivenöl anrösten.
- Petersilie, Rucola und Basilikum fein schneiden.
- Cocktailtomaten falls gewünscht häuten.
- Alle Zutaten unter die Kartoffelstückchen heben und mit Salz und Pfeffer abschmecken, eventuell noch Olivenöl zufügen.

▼ Der Kartoffelsalat kann sowohl warm als auch kalt serviert werden.
Hier wurde er im Speisering angerichtet und mit Tomatenpulver dekoriert.

# Kartoffelpäckchen mit Tomaten

▲ Die Kartoffeln garen im eigenen Saft und behalten ihr Aroma. Öffnet man die Kartoffelpäckchen, entfalten die Kräuter ihren Duft. Das mitgegarte Concassée gibt den Kartoffeln eine leicht süßliche Note.

## Zutaten pro Portion:

- 5-6 kleine Kartoffeln mit Schale (bunte Kartoffeln machen sich gut!)
- 1 EL Tomatenconcassée
- 1 Basilikumzweig, 1 Rosmarinzweig, 1 Thymianzweig, Oregano
- Olivenöl
- Grobes Salz, Pfeffer
- ½ Knoblauchzehe
- 1 Backpapier 40 x 40, Baumwollgarn
- Verschiedene Wild- oder kleine Cocktailtomaten

## Zubereitung:

- Kartoffeln mit Kräutern, fein geschnittenem Knoblauch, Salz, Pfeffer und Tomatenconcassée auf das Backpapier legen.
- 1-2 TL Olivenöl übergießen.
- Das Backpapier zu einem Säckchen falten und mit Baumwollgarn zubinden.
- Päckchen auf ein Backblech setzen.
- Bei 200°C etwa 30 bis 40 Minuten garen.

◄▲ Es können nach dem Garvorgang Wild- oder kleine Cocktailtomaten beigemischt werden. Die Kartoffelpäckchen eignen sich als Beilage zu Fisch- und Fleischgerichten.

▲ Die Zubereitung

# Italienischer Kartoffelstampf mit getrockneten Tomaten

## Zutaten für 4 Personen:

- 6–8 große Kartoffeln
- 20 getrocknete Tomaten
- Rotweinessig
- 10 schwarze Oliven
- 1 Tasse Olivenöl
- Salz, schwarzer Pfeffer, Oregano
- 50 g geriebener Parmesan
- Gehobelter Parmesan
- Tomatenpulver und Tomatenflocken

## Zubereitung:

- Kartoffeln im Dampf garen, häuten und durch die Kartoffelpresse geben.
- Die Hälfte der getrockneten Tomaten 1 Minute in Wasser mit einem Schuss Rotweinessig köcheln und fein hacken.
- Oliven entkernen und fein hacken.
- Tomaten, Oliven, Gewürze und Olivenöl unter den Kartoffelstampf mischen und als Türmchen anrichten.
- Mit gehobeltem Parmesan und getrockneten Tomaten garnieren.
- Mit Tomatenpulver und Tomatenflocken dekorieren.

► Auf dem Foto wurde der Kartoffelstampf in einem Dessertring/Speisering angerichtet.

# Zucchine an Tomatencreme

## Zutaten für 4 Personen:

- 1 bis 2 mittelgroße Zucchine
- 3 bis 4 rote Zwiebeln
- Gelbe Tomatencreme
- Salz, Pfeffer
- Olivenöl
- Gehäutete Cocktailtomaten, Sprossen nach Belieben

▲ Dünsten der Zucchinestreifen

## Zubereitung:

- Zucchine in feine Streifen schneiden und in Olivenöl glasig dünsten.
- Zwiebeln fein schneiden, in Olivenöl glasig dünsten.
- Zucchine und Zwiebeln mit Pfeffer und Salz abschmecken.
- Tomatencreme anwärmen, mit Zucchine und Zwiebeln anrichten.
- Eine mittelgroße Tomate kreuzweise einschneiden, vorsichtig in Olivenöl 20 Sekunden erhitzen, Haut herunterschälen und auf dem Kopf auf das Gemüse setzen, beliebig mit Sprossen garnieren.

◄ Wir haben hier ein Gericht, bei dem man zu groß gewordene Zucchine bestens verarbeiten kann, indem man nur die Schale 1 cm dick abschält und in Streifen schneidet. Sie enthält die meisten Aromen.

# Tomaten-Kürbis-Parmigiana

## Zutaten für 4 Personen:

- 1 Hokaido-Kürbis
- 5-6 rote Fleischtomaten
- 200 g gehobelter Parmesankäse
- 100 g Semmelbrösel
- Salbeiblätter
- Fein geschnittener Knoblauch (nach Wunsch)
- Olivenöl
- Salz, Pfeffer, Tomatenpulver
- 100 g getrocknete Tomaten, sehr fein geschnitten
- Einige wenige Stückchen Mozzarella
- Gelbe Tomatencreme

▼ Eine Parmigiana ist ein typisch neapolitanischer oder sizilianischer Auflauf.
Bestandteile sind immer Gemüse, Tomatensauce und Parmesankäse.
Es kann also variiert werden.

## Zubereitung:

- Hokaido dünn schälen, halbieren, entkernen und im Dampf garen.
- Fleischtomaten häuten, halbieren, entkernen und klein schneiden.
- Tomaten, Parmesan, Semmelbrösel, Knoblauch, getrocknete Tomaten vermengen.
- Mit Salz, Pfeffer und Tomatenpulver abschmecken.
- Hokaido in Quadrate schneiden, in Olivenöl leicht anbraten, salzen und pfeffern.
- Hokaidoscheiben im Wechsel mit Tomatenpüree schichten.
- Obenauf ein paar Mozzarellastückchen verteilen.
- Bei 180°C 30 Minuten überbacken.
- Salbeiblätter in Öl anrösten.
- Parmigiana mit gelber Tomatencreme und Salbei anrichten.

# Tomaten-Himbeer-Sorbet

▲ Im hellen Sorbet sind alternativ gelbe Tomaten und Melonenpüree verarbeitet worden.

## Zutaten für 4 Personen:

- 200 g brauner Zucker
- 200 ml Tomatenessenz, alternativ Mineralwasser
- 3 Gewürznelken
- 600 g rotes (gelbes) Tomatenpüree
- 300 g Himbeerpüree (Honigmelonenpüree)
- 125 ml Prosecco
- 1 EL Orangensaft
- ¼ geriebene Tonkabohne

## Zubereitung:

- Den Zucker in der Tomatenessenz aufkochen und die Flüssigkeit zur Hälfte reduzieren.
- Gewürznelken in den Zuckersirup geben und abkühlen lassen.
- Tomaten- und Himbeerpüree müssen kernlos sein, ansonsten durch ein Sieb streichen.
- Beides in den erkalteten Sirup einrühren.
- Prosecco und Tonkapulver untermischen.
- Die Masse mit dem Pürierstab ½ Minute aufschäumen und in der Eismaschine zu Sorbet verarbeiten.

▼ Die Dinkelstangen wurden in Honig getaucht und mit zu Pulver verarbeiteten Rosenblättern bepudert.

# Vielfalt der Sorten

Keine Frucht ist so vielfältig wie die Tomate. Schätzungsweise 8000 bis 10000 verschiedene Tomatensorten gibt es weltweit. Sie haben sich jahrtausendelang ihrer speziellen Umgebung angepasst und standortgemäß Eigenschaften entwickelt. Sie unterscheiden sich in Form, Farbe, Geschmack, Pflanzengröße, Fruchtgröße, Krankheitsanfälligkeit, Blattform und vielem mehr.
Es gibt sie in weiß und grün, in allen Gelb-, Orange- und Rottönen, in dunkelviolett bis braunschwarz. Häufig sind sie einfarbig. Sie können aber auch zweifarbig oder mehrfarbig, gestreift, gesternt und gepunktet sein.

**▲ Die Reisetomate ist eine ungewöhnliche Vertreterin. Sie besteht aus in der Mitte verbundenen Segmenten, die getrennt werden können, ohne dass Saft ausläuft.**

Bei den Formen unterscheide ich die auf der rechten Seite dargestellten Kategorien. Speziell bei den Flaschen- und Eierformen kommen so genannte Longlife-Tomaten vor. Es handelt sich um konventionell gezüchtete, nicht gentechnisch veränderte Tomatensorten. Die Früchte können trotz Reife länger am Strauch verbleiben und sind länger haltbar. Sie sind allerdings sehr fest im Fruchtfleisch und haben eine feste Schale.
Die Haut der Tomaten kann aber auch hauchdünn, behaart oder glatt sein. Es gibt mehr oder weniger gekerbte Früchte bis hin zur so genannten Reisetomate, die geteilt werden kann, ohne dass Saft ausläuft. Manche Tomatensorten behalten trotz Reife im Bereich des Stielansatzes eine grüne Schulter. Sie sind grünschultrig. Das hat nichts mit der Grünkragigkeit infolge Kaliummangels zu tun.

**► Kleinere Tomatensorten besitzen 2 oder wenige Fruchtkammern, größere bis zu 10 und mehr.**

**Beuteltomaten**
Beutelform, mehr oder weniger gerippt, saftarm, teilweise hohl

**Cocktailtomaten**
kleine und unterschiedliche Formen, meist saftig

**Eiertomaten**
eiförmig, dickwandig, meist saftarm

**Flaschentomaten**
lange und schmale Form, oft kernarm, teilweise saftarm

**Fleischtomaten**
große Früchte, fleischig, saftig, verschiedene Formen

**Ochsenherztomaten**
meist kernarm, sämiges Fruchtfleisch, Herzform

**Paprikatomaten**
Paprikaform, mehr oder weniger hohl, saftarm

**Rundtomaten**
mittelgroß, mehr oder weniger rund, saftig

**Wildtomaten**
sehr kleine Früchte, eiförmig oder rund, saftig, viele Kerne

Beim Geschmack unterscheide ich mild, aromatisch, würzig, säuerlich oder süß sowie weich, fest oder mehlig. Tomatig beinhaltet das perfekte Zucker-Säure-Verhältnis, gepaart mit einem optimalen Tomatenaroma. Tomaten mit einem hohen Zuckeranteil bezeichne ich als "Obsttomate".
Übrigens sind die gelben Tomatensorten in der Regel säurearmer als rote und dunklere Sorten.

Cocktailtomaten neigen zum Aufplatzen, weshalb auf die Platzfestigkeit jeweils hingewiesen wird.
Da ich an keinem Guiness-Wettbewerb teilnehme und vor allem Wert auf Geschmack lege, sind die Gewichtsangaben das Ergebnis des "biologischen Gärtnerns" in meinem Hausgarten bzw. im Folientunnel. Mittels entsprechender Dünger kann am Gewicht erheblich manipuliert werden.
Die zeitlichen Ernteangaben beziehen sich auf das Klima in der Köln-Bonner Bucht:

- früh: Mitte Juli
- mittelfrüh: Ende Juli
- mittelspät: Anfang August
- spät: Mitte August

Beim "Ertrag" gibt es Angaben, die auf meinen Erfahrungen beruhen. Aus der Anzahl der Blütenstände und Blüten ergeben sich Rückschlüsse auf die zu erwartende Ernte, auch wenn nicht aus jeder Blüte eine Frucht wird. "Massenträger" sind Tomatenpflanzen mit vielen Fruchtständen, die mehr als 10 Früchte tragen.
Beim "Standort" wird der günstigste Standort zuerst genannt. Grundsätzlich steht annähernd jede Tomatensorte am liebsten unter einer Überdachung. Da diese Möglichkeit nicht immer gegeben ist, gibt es durchaus robuste Sorten für's Freiland. "Pilztolerant" bedeutet: Hält der Kraut- und Braunfäule ziemlich lange stand. Favoriten sind meine persönlichen Lieblingssorten.
Im amerikanisch-englischen Sprachgebrauch spricht man von Heirloom-Tomaten (Erbstück-Tomaten), wenn historische Sorten gemeint sind.

Entsprechend ihres Wuchses werden die Pflanzen in die folgenden drei Kategorien eingeteilt:

- determiniert
- indeterminiert
- semideterminiert

**▼ Im Innern der Tomaten können sich kleine Kunstwerke verbergen. Hiermit lassen sich Gaumen wie Augen gleichermaßen erfreuen.
Besonders frabenfroh präsentieren sich die untenstehenden Fleischtomaten. (von links nach rechts und von oben nach unten)**
- **´Multicolor`**
- **´Grüne von Helarios`**
- **´Giant Green Zebra`**
- **´Ananas Noir`**
- **´Yellow With Red Stripes Inside`**
- **´Tasty Wine`**

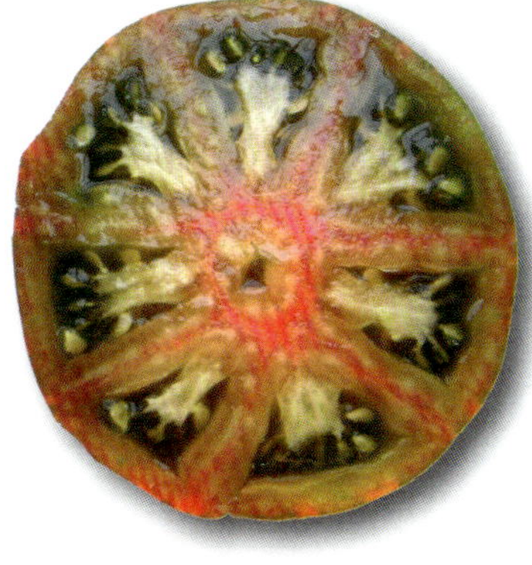

**▲ Tomatensorten mit einem determinierten Wuchs empfehlen sich häufig für die Kultur in Töpfen auf dem Balkon oder der Terrasse.**

determiniert: begrenzter Wuchs
Die Pflanze stellt nach einer für diese Sorte typischen Höhe von in der Regel weniger als 1 m das Wachstum ein. Es werden nur die unteren Blätter und Seitentriebe entfernt. Im oberen Teil lässt man die Seitentriebe stehen, man kultiviert mehrtriebig.

indeterminiert: unbegrenzter Wuchs
Die Pflanzen können bis 3 m und auch wesentlich höher wachsen, je nach Sorte. Sie sollten regelmäßig entgeizt und im unteren Teil entblättert werden.

semideterminiert: halbbegrenzter Wuchs
Die Pflanzen stellen nach einer mittleren Wuchshöhe, in der Regel zwischen 1 und 1,5 m das Wachstum ein. Auch diese kann man mehrtriebig ziehen. Stärker verzweigende werden mehr entgeizt und schwächer verzweigende entsprechend weniger.

Noch ein Wort zu F1-Hybriden:

Durch Kreuzung zweier Tomatensorten kann man die positiven Eigenschaften verschiedener Sorten miteinander kombinieren, allerdings nur in der direkt daraus erfolgten F1-Generation.
In der F2-, der übernächsten Generation, werden diese Eigenschaften wieder neu kombiniert, d.h. das Saatgut ist nicht verlässlich. F1-Hybriden spielen bei den Sortenempfehlungen in diesem Buch keine Rolle.

Aus einer Vielzahl verschiedener Sorten, die ich in den letzten 20 Jahren gesammelt und in meinem Gemüsegarten angebaut habe, sollen 244 in diesem Buch ausführlich vorgestellt und zum Anbau empfohlen werden.
Bei den nun folgenden Sortenbeschreibungen ist die Entwicklung der Tomate von der Blüte, die sehr unterschiedlich ausfallen kann und schon einen Hinweis auf die Fruchtart gibt, über die unreife bis hin zur reifen und aufgeschnittenen Frucht zu sehen. Die aufgeschnittenen Früchte lassen die Anzahl der Fruchtkammern mit den Samen erkennen.

**▼ Bei den Tomatenblüten lohnt es sich genauer hinzuschauen. In Größe und Form ergeben sich zum Teil deutliche Unterschiede. (von links nach rechts und von oben nach unten)**
- **´Fandango`**
- **´Fuzzy Wuzzy`**
- **´Principe Borghese`**
- **´Green Doctor`s Frosted`**
- **´Giant Green Zebra`**
- **´Feuerwerk`**

Fleischtomate

## 'Ananas'

**Frucht:** gelb-rot marmoriert, weich, dünnschalig, bis 800 g
**Geschmack:** beeindruckend süß-fruchtig, aromatisch, saftig
**Pflanze:** niedrig wachsend, bis 120 cm, mäßig belaubt, empfindlich
**Ertrag:** 5 Blütenstände mit 4 bis 6 Blüten, mittelfrüh bis mittelspät
**Verwendung:** Salat, Concassée, Brotbelag
**Standort:** Gewächshaus, geschütztes Freiland
**Historie:** ´Ananas` ist kernarm und weist eine wunderschöne Färbung des Fruchtfleisches auf. Sie stammt aus Ohio oder Kentucky.

Fleischtomate

## 'Ananas Noire'

**Frucht:** grün-auberginefarben marmoriert, fest, bis 500 g
**Geschmack:** kräftig würzig mit einem Hauch von rauchig
**Pflanze:** mittelhoch und langsam wachsend, bis 160 cm, kräftig belaubt
**Ertrag:** 5 bis 6 Blütenstände mit 5 bis 7 Blüten
**Verwendung:** Brotauflage, Concassée, Gemüse, Salat
**Standort:** Gewächshaus, Freiland, da unempfindlicher als Ananas
**Historie:** ´Ananas Noire` ist eine Mutation der ´Ananas` und wurde in Belgien von Pascal Moreau gezüchtet.

## 'Andenhorn'

**Frucht:** mit Spitze, rot, dünnschalig, bis 150 g
**Geschmack:** tomatig mit wenig Saftanteil, sämig
**Pflanze:** hoch wachsend, bis 180 cm, schwach belaubt, hängendes Laub
**Ertrag:** 7 Blütenstände mit 7 bis 10 Blüten, mittelspät
**Standort:** Gewächshaus, Freiland mit Regenschutz
**Verwendung:** Salat, Sauce Gemüse, Trocknen
**Historie:** Diese Bauerntomate aus den Anden mit leicht abziehbarer Schale wirkt im Anfangsstadium wie alle Flaschentomaten etwas kränkelnd, das gibt sich später.

## 'Andenhorn gelb'

**Frucht:** mit Spitze, gelb, dünnschalig, bis 150 g
**Geschmack:** mild-aromatisch mit wenig Saftanteil, sämig
**Pflanze:** hoch wachsend, bis 180 cm, schwach belaubt, hängendes Laub
**Ertrag:** 8 Blütenstände mit 7 bis 10 Blüten, mittelspät
**Standort:** Gewächshaus, Freiland mit Regenschutz
**Verwendung:** Salat, Sauce, Gemüse, Trocknen
**Historie:** Diese gelbe Variante ist ebenfalls eine Bauerntomate aus den Anden. Es wäre interessant herauszufinden, ob die rote oder gelbe Andenhorn zuerst existierte.

Ochsenherztomate

## 'Anna Maria's Heart'

**Frucht:** herzförmig, rosarot, bis 400 g, kernarm
**Geschmack:** edelstes Tomatenaroma mit Süße, schmelzend
**Pflanze:** mittelhoch aber zart wachsend, bis 160 cm
**Ertrag:** 5 bis 7 Blütenstände mit 6 bis 8 Blüten, mittelspät
**Verwendung:** Direktverzehr, Gemüse, Sauce
**Standort:** Gewächshaus, Freiland mit Regenschutz
**Historie:** Es handelt sich um eine Heirloom-Sorte aus den USA, die ursprünglich aus Russland stammt.

Cocktailtomate

## 'Antho Gelb'

**Frucht:** gelb mit violetten Anteilen, platzfest, bis 20 g
**Geschmack:** sehr aromatisch mit viel Süße
**Pflanze:** hoch wachsend, bis 250 cm, mehrtriebig ziehen
**Ertrag:** Massenträger, zahlreiche Trauben mit 10-12 Früchten, mittelfrüh bis zum Frost
**Verwendung:** Salat, Naschfrucht, Garniersorte
**Standort:** Gewächshaus, Freiland
**Historie:** ´Antho Gelb` ist eine Züchtung von Reinhard Kraft mit wunderschönem Farbspiel. Sie ist eine stabile Kreuzung aus ´Bianca` und ´OSU Blue`.

## 'Arkansas Traveler'

**Frucht:** pinkrot, bis 250 g
**Geschmack:** ansprechend aromatisch, klassisch tomatig, saftig
**Pflanze:** hoch wachsend, bis 170 cm, relativ schlank, Kartoffelblatt
**Ertrag:** 6 bis 8 Blütenstände mit 6 bis 9 Blüten
**Verwendung:** Salat, Sauce, Brotbelag, Concassée
**Standort:** Gewächshaus, geschütztes Freiland
**Historie:** Es handelt sich um eine reich tragende historische Sorte aus Arkansas, die auch bei Hitze gute Erträge liefert.

## 'Azoychka Yellow'

**Frucht:** gelb, plattrund, leicht gekerbt, bis 350 g
**Geschmack:** vortrefflich würzig-aromatisch, saftig, bei Überreife mehlig
**Pflanze:** mittelhoch wachsend, bis 150 cm, gesundes Wachstum
**Ertrag:** 5 bis 6 Blütenstände mit 6 bis 9 Blüten, mittelfrüh
**Verwendung:** Salat, Concassée, Brotauflage
**Standort:** Gewächshaus, Freiland
**Historie:** ´Azoychka Yellow` ist eine russische Sorte mit einem Hauch von Citrusaroma, die zeitig geerntet werden sollte.

Cocktailtomate

## 'Bajawa'

**Frucht:** rot, platzfest, bis 40 g
**Geschmack:** konzentriert süß-würzig, saftig
**Pflanze:** unbegrenzt wachsend, nur anfangs entgeizen, pilztolerant
**Ertrag:** über 20 verzweigte Blütenstände mit mehr als 20 Blüten, Massenträger, mittelfrüh
**Verwendung:** Naschfrucht, Sauce, Salat, Gemüse
**Standort:** Freiland bevorzugt, Kübel nur in Verbindung mit Entgeizen
**Historie:** Es handelt sich um eine indonesische Wildsorte mit größeren Früchten als bei anderen Wildtomaten.

Fleischtomate

## 'Beauty Queen'

**Frucht:** gelb-rot gestreift, weich, bis 120 g
**Geschmack:** obstartig, mild-aromatisch, saftig, auch bei Überreife nicht mehlig
**Pflanze:** mittelhoch und zart wachsend, bis 160 cm, mehrtriebig ziehen, wenig entblättern
**Ertrag:** 5 bis 6 Blütenstände mit 7 bis 8 Blüten, mittelfrüh
**Verwendung:** Salat, Gemüse, Saft
**Standort:** Gewächshaus, Freiland mit Regenschutz, bedingt Kübel
**Historie:** ´Beauty Queen` ist eine malerische Schönheit, die von Bradley Gates gezüchtet wurde.

## 'Belmonte'

**Frucht:** Herzform, rot, dünnschalig, kernarm, bis 400 g
**Geschmack:** delikat cremig-aromatisch, saftig
**Pflanze:** niedrig wachsend, bis 80 cm, wenig Laub, wärmeliebend
**Ertrag:** 3 bis 4 Blütenstände mit 4 bis 6 Blüten, mittelspät
**Verwendung:** Salat, Suppe, Sauce, Concassèe
**Standort:** Gewächshaus, geschütztes Freiland
**Historie:** Es handelt sich um eine regionale Sorte aus dem Ort Belmonte in Kalabrien.

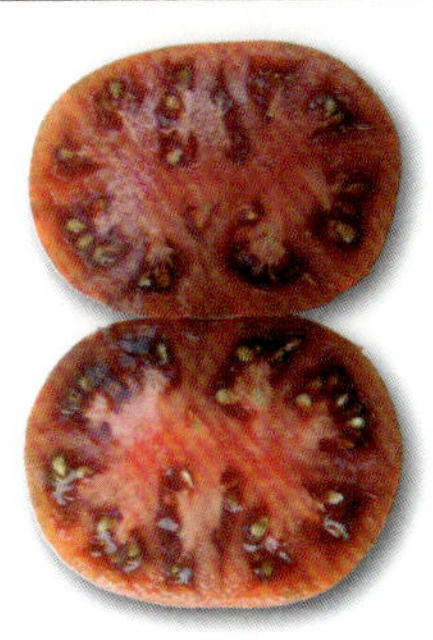

## 'Berkeley Tie Dye Pink'

**Frucht:** grün-purpurrot gestreift, festes Fruchtfleisch, bis 200 g
**Geschmack:** würzig und hoch-aromatisch, saftig
**Pflanze:** hoch wachsend, bis 180 cm, gesundes, dunkles Laub
**Ertrag:** 6 bis 7 Blütenstände mit 6 bis 8 Blüten, früh
**Verwendung:** Salat, Concassée, Brotauflage
**Standort:** Gewächshaus, aber auch Freiland
**Historie:** Geschmacklich und optisch ist diese Sorte von Bradley Gates eine Offenbarung.

Rundtomate

## 'Berner Rose'

**Frucht:** pink-rot, weich, bis 80 g
**Geschmack:** delikat aromatisch mit leichter Zuckerdominanz, saftig
**Pflanze:** hoch wachsend, gut verzweigend, zweitriebig ziehen, bis 180 cm
**Ertrag:** 5 bis 6 Blütenstände mit 5 bis 8 Blüten, früh bis spät
**Verwendung:** Direktverzehr, Salat, Saft
**Standort:** Gewächshaus unbedingt empfehlenswert da wärmeliebend
**Historie:** Es handelt sich um eine historische Sorte vermutlich aus der Umgebung von Bern mit einem hervorragenden Aroma.

Cocktailtomate

## 'Besser'

**Frucht:** rot, bis 30 g, platzfest
**Geschmack:** vorzüglich süß-würzig, saftig
**Pflanze:** unbegrenzt wachsend, kräftiger Wuchs, später nicht mehr entgeizen, pilztolerant
**Ertrag:** über 20 Blütenstände mit jeweils bis zu 15 Blüten, Massenträger, mittelfrüh
**Verwendung:** Naschfrucht, Salat
**Standort:** Freiland, Gewächshaus
**Historie:** ´Besser` ist eine historische Sorte aus dem Raum Freiburg, deren Früchte man bis zum Frost ernten kann.

## 'Bianca'

Cocktailtomate

**Frucht:** gelb, fast ein wenig durchscheinend, bis 10 g
**Geschmack:** weniger tomatig, dafür überaus süß, saftig
**Pflanze:** mittelhoch wachsend, bis 150 cm, kaum entgeizen, robust
**Ertrag:** viele Blütenstände mit mehr als 15 Blüten
**Verwendung:** Naschfrucht, Salat, Garniersorte
**Standort:** Freiland, Gewächshaus, Kübel
**Historie:** ´Bianca` verhält sich wie eine Wildtomate, sät sich selber aus, ist aber nicht ganz platzfest.

## 'Big Rainbow'

Fleischtomate

**Frucht:** orange-rot gestreift, leicht gerippt, bis 600 g
**Geschmack:** fruchtig-aromatisch mit deutlicher Süße, sehr saftig
**Pflanze:** hoch wachsend, bis 170 cm, gesundes Wachstum
**Ertrag:** 6 bis 7 Blütenstände mit 5 bis 6 Blüten, mittelspät
**Verwendung:** Salat, Concassèe, Brotbelag
**Standort:** Gewächshaus, geschütztes Freiland
**Historie:** Diese wunderschöne Sorte hat ihren Ursprung in den USA. Geschmacklich ist sie eine Offenbarung.

Fleischtomate

## 'Black Altai'

**Frucht:** aubergine-rot, bis 300 g , dünnschalig, vollfleischig
**Geschmack:** überzeugend würziges Tomatenaroma, schmelzend
**Pflanze:** hoch wachsend, bis 180 cm, widerstandsfähig und robust
**Ertrag:** 6 bis 7 Blütenstände mit 5 bis 8 Blüten, mittelspät
**Verwendung:** Salat, Concassée, Gemüse, Brotbelag
**Standort:** Gewächshaus, Freiland
**Historie:** Diese historische Sorte aus dem mittelasiatischen Altaigebirge ist tolerant gegenüber Trockenheit.

Cocktailtomate

## 'Black Cherry'

**Frucht:** braunrot, bis 30 g
**Geschmack:** ausgezeichnet würzig-aromatisch mit feiner Säure, saftig
**Pflanze:** unbegrenzt wachsend, gesundes Laub, pilztolerant
**Ertrag:** viele Blütenstände mit bis zu 16 Blüten, früh bis zum Frost
**Verwendung:** Naschfrucht, Garniersorte, Salat
**Standort:** Freiland, Gewächshaus
**Historie:** ´Black Cherry` ist eine relativ junge Züchtung von Vince Sapp. Sie ist nicht ganz platzfest.

## 'Black from Tula'

Fleischtomate

**Frucht:** rot-braun bis auberginefarben mit grünen Schultern, bis 300 g
**Geschmack:** kräftig würzig, nachhaltig aromatisch, schmelzend
**Pflanze:** mittelhoch wachsend, bis 140 cm, dunkles Laub
**Ertrag:** 3 bis 4 Blütenstände mit 5 bis 6 Blüten, mittelfrüh
**Verwendung:** Salat, Concassée, Brotbelag, Suppe
**Standort:** Gewächshaus, da wärmeliebend
**Historie:** Black from Tula ist eine Familiensorte aus der Ukraine mit relativ geringem Ertrag aber sensationellem Geschmack.

## 'Black Iceberg'

Fleischtomate

**Frucht:** braunrot, eher fest, flachrund, bis 250 g
**Geschmack:** beeindruckend würzig-aromatisch, reichhaltiges Aroma
**Pflanze:** mittelhoch wachsend, bis 150 cm, relativ schlank wachsend
**Ertrag:** 4 bis 5 Blütenstände mit 5 bis 7 Blüten, mittelfrüh
**Verwendung:** Salat, Brotbelag, Concassée, Suppe
**Standort:** Gewächshaus, geschütztes Freiland
**Historie:** ´Black Iceberg` (auch ´Black Aisberg` genannt) hat ihren Ursprung in Russland. Sie sollte trotz des verhältnismäßig geringen Ertrages wegen ihres Aromas unbedingt angebaut werden.

Fleischtomate

## 'Black Mountain Pink'

**Frucht:** pink-rot, bis 500 g, gekerbt, samenarm
**Geschmack:** perfekt ausgewogenes Zucker-Säure-Verhältnis, saftig
**Pflanze:** mittelhoch wachsend, gut belaubt, bis 160 cm
**Ertrag:** 5 bis 6 Blütenstände mit 4 bis 6 Blüten, mittelspät
**Verwendung:** Concassée, Direktverzehr, Suppe
**Standort:** Gewächshaus, geschütztes Freiland
**Historie:** Es handelt sich um eine Heirloom-Sorte aus dem Black-Mountain-Gebiet in Kentucky.

Fleischtomate

## 'Black Seaman'

**Frucht:** aubergine-rot, grünschultrig, bis 250 g, leicht gerippt
**Geschmack:** ausgezeichnet konzentriertes Aroma mit Süße, samtig schmelzend
**Pflanze:** niedrig wachsend, bis 120 cm, schwach belaubt, Kartoffelblatt
**Ertrag:** 3 bis 4 Blütenstände mit 4 bis 6 Blüten, mittelfrüh
**Verwendung:** Concassée, Brotbelag, Salat
**Standort:** Gewächshaus unbedingt empfehlenswert
**Historie:** Diese Sorte zeichnet sich durch ihr besonderes Aroma aus. Sie hat ihren Ursprung in Russland.

## 'Black Zebra'

Fleischtomate

**Frucht:** braun-rot-grün gestreift, feste Schale, bis 200 g
**Geschmack:** würzig-rauchig mit zurückhaltendem Zuckeranteil
**Pflanze:** hoch wachsend, bis 180 cm, dunkles Laub
**Ertrag:** 6 bis 7 Blütenstände mit 6 bis 8 Blüten, mittelspät
**Verwendung:** Salat, Gemüse, Frischverzehr
**Standort:** Gewächshaus, geschütztes Freiland
**Historie:** Die ´Black Zebra` bringt im Gewächshaus einen deutlich höheren Ertrag. Sie wurde von Jeff Dawson in Californien gezüchtet. Oft sind die Früchte sehr unterschiedlich groß.

## 'Blue Angel'

Cocktailtomate

**Frucht:** rosa-rot mit violetten Sprenkeln, bis 20 g, weiche Schale
**Geschmack:** würzig-aromatisch mit wenig Süße, saftig
**Pflanze:** hoch wachsend, bis 180 cm, gesundes Wachstum
**Ertrag:** 10 bis 15 Blütenstände mit 12 bis 18 Blüten
**Verwendung:** Naschfrucht, Salat
**Standort:** geschütztes Freiland, Kübel
**Historie:** Diese von T. Wagner entwickelte Züchtung scheint stabil, die Bezeichnung „ blue“ verwundert allerdings. Gegen Ende der Reife erscheint etwas mehr „blau“, wozu viel Sonne erforderlich ist.

Flaschentomate

## 'Blush'

**Frucht:** orange-gelb gestreift, bis 40 g, feste Schale
**Geschmack:** unvergesslich fruchtig mit tropischsüßem Aroma
**Pflanze:** hoch und unbegrenzt wachsend, relativ schlank und gesund, mehrtriebig ziehen
**Ertrag:** mehr als 15 Blütenstände mit mehr als 12 Blüten, mittelfrüh
**Verwendung:** Sauce, Direktverzehr, Salat, Kindernaschfrucht
**Standort:** geschütztes Freiland, Gewächshaus, Kübel
**Historie:** Diese ausgesprochen leckere Sorte von F. Hempel reift unterschiedlich ab und kann über einen langen Zeitraum beerntet werden.

Rundtomate

## 'Bonner Beste'

**Frucht:** Rundtomate, rot, glatt, weich, bis 100 g
**Geschmack:** klassisch tomatig und ausgewogen, saftig
**Pflanze:** mittelhoch wachsend, kräftig, gesund, bis 160 cm
**Ertrag:** 6 bis 7 Blütenstände mit 7 bis 10 Blüten, mittelfrüh
**Verwendung:** Salat, Brotbelag, Gemüse
**Standort:** Gewächshaus, aber auch Freiland
**Historie:** Die Bonner Beste ist eine an das rheinländische Klima angepasste, historische Sorte und sehr robust.

## 'Boy Boy'

**Frucht:** pink-rot, bis 400 g, dünnschalig
**Geschmack:** perfektes Tomatenaroma mit ausgeglichenem Zucker-Säure-Anteil
**Pflanze:** unbegrenzt wachsend, bis 220 cm, robust und pilztolerant
**Ertrag:** 9 bis 10 Blütenstände mit 7 bis 9 Blüten, mittelspät
**Verwendung:** Brotbelag, Salat, Gemüse, Suppe
**Standort:** Gewächshaus, Freiland
**Historie:** Diese Familiensorte aus den USA ist sehr robust und ertragreich mit wunderschönen Früchten.

## 'Brad's Black Heart'

**Frucht:** purpurschwarz, bis 250 g
**Geschmack:** exzellent würzig-aromatisch, schmelzend
**Pflanze:** mittelhoch und schlank wachsend, bis 160 cm, zarte Pflanze
**Ertrag:** 5 bis 6 Blütenstände mit 4 bis 6 Blüten, mittelfrüh bis zum Frost
**Verwendung:** Salat, Direktverzehr, Gemüse
**Standort:** Gewächshaus, Freiland möglich
**Historie:** Diese Sorte wurde von Brad Gates auf Wild Boar Farms zufällig entdeckt. Sie ist stabil, möglicherweise die einzige „schwarze“ ihrer Art und sollte sparsam gegossen werden.

Fleischtomate

## 'Brandywine Pink'

**Frucht:** pink-rot, flachrund, bis 400 g, dünnschalig
**Geschmack:** fruchtig, reich an Aromen mit leichter Tendenz zur Süße, weinartig
**Pflanze:** hoch wachsend, bis 200 cm, gesund, kartoffelblättrig
**Ertrag:** 5 bis 6 Blütenstände mit 6 bis 8 Blüten, mittelspät
**Verwendung:** Brotbelag, Concassée, Sauce
**Standort:** Gewächshaus, auch Freiland möglich
**Historie:** Diese Sorte wurde bereits 1882 im Samenkatalog Burpee erwähnt. Geschmacklich ist sie eine der hervorragendsten Sorten, nicht mehlig werdend.

Cocktailtomate

## 'Braunes Birnchen'

**Frucht:** Birnchenform, braun-rot, dicke Schale, bis 50 g
**Geschmack:** fein-würzig, schwache Süße
**Pflanze:** hoch wachsend, bis 180 cm, schlanker Wuchs, wenig entgeizen, widerstandsfähig
**Ertrag:** 15 bis 18 Blütenstände mit 8 bis 10 Blüten, mittelfrüh
**Verwendung:** Frischverzehr, Garniersorte, Gemüse
**Standort:** Freiland und Gewächshaus
**Historie:** Hier haben wir eine der wenigen braunen, kleinfruchtigen Tomaten, deren Herkunft China sein soll. Sie ist wenig anfällig mit hohem Ertrag.

## 'Calabacito Rojo'

Fleischtomate

**Frucht:** meist stark gerippt, flachrund, tiefrot, bis 80 g
**Geschmack:** vollmundig aromatisch, fruchtig mit verhaltener Süße
**Pflanze:** mittelhoch wachsend, bis 160 cm, robust
**Ertrag:** 6 bis 7 verzweigte Blütenstände mit 10 bis 12 Blüten, mittelfrüh
**Verwendung:** Salat, Sauce, Gemüse, Saft
**Standort:** Freiland, Gewächshaus
**Historie:** Diese Heirloomsorte aus Philadelphia wurde bereits um 1795 erwähnt, ursprünglich stammt sie aus Mexiko.

## 'Casanova'

Rundtomate

**Frucht:** rot, saftig, 120 g, dünnschalig
**Geschmack:** ausgewogenes Zucker-Säure-Verhältnis
**Pflanze:** hoch und unbegrenzt wachsend, widerstandsfähig, entgeizen
**Ertrag:** Massen von Blütenständen, teilweise verzweigt, mit 12 bis 18 Blüten
**Verwendung:** Frischverzehr, Sauce, Gemüse, Concassée
**Standort:** Gewächshaus, überdachtes Freiland, Freiland
**Historie:** Es handelt sich um eine aus Spanien stammende Sorte mit lang anhaltendem und unglaublichem Ertrag.

# 'Cherokee Purple'

**Frucht:** purpur-rot, schwach gerippt, bis 400 g
**Geschmack:** delikat aromatisch, schmelzend
**Pflanze:** mittelhoch wachsend, bis 160 cm, wenig belaubt, wärmeliebend
**Ertrag:** 5 bis 7 Blütenstände mit 5 bis 6 Blüten, mittelspät
**Verwendung:** Concassée, Salat, Brotauflage
**Standort:** Gewächshaus bevorzugt
**Historie:** Diese Varietät kann zu den Cherokee-Indianern zurückverfolgt werden. Sie wird seit 1990 gehandelt und ist Ausgangssorte für viele weitere Züchtungen.

Flaschentomate

## 'Chinese'

**Frucht:** rot, bis 180 g
**Geschmack:** wohlschmeckend tomatig, sämiges Fruchtfleisch
**Pflanze:** hoch wachsend, bis 180 cm, zarte Pflanze mit hängendem Laub
**Ertrag:** 6 bis 8 Blütenstände mit 8 bis 10 Blüten, mittelfrüh
**Verwendung:** Salat, Brotauflage, Sauce
**Standort:** Gewächshaus, bedingt Freiland
**Historie:** ´Chinese` wurde aus dem Andenhorn gezüchtet, ist fleischiger als diese. Ich erhielt sie vom Château de la Bourdaisière in Frankreich. Sie ist eine meiner Lieblingssorten, taucht aber auf kaum einer Samenliste auf.

Fleischtomate

## 'Copia'

**Frucht:** gelb-rot gestreift, weich, dicke Schale, 150 g
**Geschmack:** überraschend fruchtig-würziges Aroma, saftig
**Pflanze:** mittelhoch wachsend, bis 150 cm,
**Ertrag:** 5 bis 6 Blütenstände mit 6 bis 8 Blüten, mittelfrüh
**Verwendung:** Direktverzehr, Concassée, Garniersorte
**Standort:** Gewächshaus empfehlenswert
**Historie:** Jeff Dawson hat diese Kreuzung zwischen ´Green Zebra` und ´Marvel Stripe` kreiert. Das Ergebnis ist eine prächtige und wohlschmeckende Frucht, entwickelt und benannt zu Ehren des Amerikanischen Centers für Essen, Wein und Kunst in Kalifornien.

Cocktailtomate

## 'Corbarino'

**Frucht:** pink-rot, oval, bis 15 g
**Geschmack:** unübertroffen würzig-aromatisch mit verhaltener Süße
**Pflanze:** unbegrenzt wachsend, gesund, pilztolerant
**Ertrag:** Massen von Blütenständen mit mehr als 20 Blüten, früh bis zum Frost
**Verwendung:** Naschfrucht, Salat, Trocknen
**Standort:** Gewächshaus, Freiland, Kübel
**Historie:** ´Corbarino` ist eine historische italienische Sorte aus der Umgebung von Neapel mit bestem Tomatenaroma.

Ochsenherztomate

## 'Cuore di Bue'

**Frucht:** pink-rot, sehr fleischig, bis 600 g, samenarm
**Geschmack:** ausgewogen tomatig, schmelzendes Fruchtfleisch
**Pflanze:** mittelhoch bis hoch wachsend, wärmeliebend
**Ertrag:** 3 bis 4 Blütenstände mit 4 bis 6 Blüten, mittelspät
**Verwendung:** Concassée, Salat, Suppe, Mark
**Standort:** Gewächshaus empfehlenswert
**Historie:** ´Cuore di Bue` ist eine historische Ochsenherztomate aus Ligurien mit exzellentem Aroma.

## 'Dancing With Smurfs'

**Frucht:** braunrot mit blauer Kappe, Erntestern
**Geschmack:** ansprechend aromatisch-würzig mit leichter Süße, weich-saftig
**Pflanze:** hoch wachsend, bis 180 cm, relativ schlanker Wuchs, wenig entgeizen, mittelfrüh
**Ertrag:** 15 bis 18 Blütenstände mit 7 bis 8 Blüten
**Verwendung:** Garniersorte, Naschfrucht, Salat
**Standort:** Gewächshaus, aber auch Freiland möglich, Kübel
**Historie:** Hier haben wir eine attraktive Neuzüchtung von T. Wagner / USA mit ansprechendem Aroma und außergewöhnlicher Färbung.

Cocktailtomate

## 'Datterini'

**Frucht:** Eiform, rot mit glänzender Schale, bis 15 g
**Geschmack:** knackig, obstartig mit selten hohem Zuckergehalt
**Pflanze:** hoch wachsend, über 200 cm, gesund und robust, entgeizen
**Ertrag:** mehr als 20 verzweigte Blütenstände mit 20 bis 30 Blüten, früher Erntebeginn
**Verwendung:** Naschfrucht, Garniersorte, Trocknen, Salat
**Standort:** Freiland und Gewächshaus
**Historie:** Für Liebhaber der süßen Sorten haben wir hier einen Massenträger aus Sizilien, dessen Früchte zu Tomatenrosinen getrocknet werden können.

Eiertomate

## 'De Berao'

**Frucht:** rot, festes Fruchtfleisch, feste Schale, bis 60 g
**Geschmack:** mild-würzig-aromatisch, saftarm
**Pflanze:** sehr hoch wachsend, bis 220 cm, gesund und pilztolerant
**Ertrag:** 10 bis 15 verzweigte Blütenstände mit 8 bis 12 Blüten, mittelspät
**Verwendung:** Mark, Sauce, Trocknen
**Standort:** Gewächshaus, Freiland
**Historie:** Es handelt sich um eine historische Sorte aus Irkutsk, die auch als ´Deberao` oder ´De Barao` verbreitet ist. Sie ist laut Georg-August-Universität besonders gut für den ökologischen Freilandanbau geeignet.

## 'De Berao Gold'

Eiertomate

**Frucht:** dunkelgelb, platzfest, bis 60 g, lagerfähig
**Geschmack:** süß-aromatisch mit milder Säure
**Pflanze:** hoch wachsend, bis 250 cm, kräftig und stabil
**Ertrag:** 8 bis 10 Blütenstände mit 8 bis 12 Blüten, mittelspät
**Verwendung:** Salat, Sauce, Konzentrat
**Standort:** Gewächshaus, Freiland
**Historie:** ´De Berao Gold` hat ihren Ursprung in Irkutsk (Sibirien). Sie kann sehr hoch werden und wird manchmal daher fälschlicherweise als Baumtomate bezeichnet. Sie ist eine gute Freilandsorte.

## 'Early Yellow Striped'

Cocktailtomate

**Frucht:** pink-rot mit gelborangenen Streifen, weich, bis 60 g
**Geschmack:** fruchtig-würzig mit feiner Süße
**Pflanze:** hoch wachsend mit üppigem Laub, bis 180 cm
**Ertrag:** mehr als 12 verzweigte Blütenstände mit über 15 Blüten, sehr früh
**Verwendung:** Naschfrucht, Garniersorte, Salat
**Standort:** Gewächshaus, Freiland
**Historie:** Diese Sorte liefert bei der Reifung ein sehr schönes Farbspiel, ist aber nicht so platzfest wie Tigerella.

# 'Ei von Phuket'

**Frucht:** kleine Eiertomate, rosarot, durchscheinende und glänzende Schale, bis 40 g
**Geschmack:** mild-aromatisch, bei Überreife mehlig
**Pflanze:** unbegrenzt wachsend, nur anfänglich entgeizen, pilztolerant, aber wärmeliebend
**Ertrag:** viele verzweigte Blütenstände mit mehr als 10 Blüten, spät
**Verwendung:** Naschfrucht, Salat, Garniersorte
**Standort:** Gewächshaus, geschütztes Freiland
**Historie:** Bei der Reifung kann man ein einzigartig schönes Farbspiel von weiß über hellrosa zu dunkelrosa beobachten. Möglicherweise hat sie ihren Ursprung in Phuket/Thailand.

## 'England Orange'

Cocktailtomate

**Frucht:** orange, bis 15 g
**Geschmack:** erfrischend süß-würzig
**Pflanze:** hoch wachsend, bis 200 cm, gesundes Laub
**Ertrag:** viele verzweigte Blütenstände mit bis zu 15 Blüten, früh bis spät
**Verwendung:** Naschfrucht, Salat, Garniersorte
**Standort:** Gewächshaus so gut wie Freiland
**Historie:** ´England Orange` ist eine aus England stammende, sehr robuste Sorte mit besonders würzigem Aroma. Sie ist platzfester als Sungold Select.

## 'Esti'

Fleischtomate

**Frucht:** rot, teilweise leicht gerippt, saftig, bis 200 g
**Geschmack:** perfektes Tomatenaroma
**Pflanze:** hoch wachsend, bis 200 cm, regelmäßig entgeizen
**Ertrag:** 15 bis 18 Blütenstände mit 10 bis 12 Blüten, mittelspät bis zum Frost
**Verwendung:** Brotbelag, Sauce, Salat, Gemüse, Concassée
**Standort:** Gewächshaus und Freiland
**Historie:** ´Esti` ist eine unglaublich produktive Tomate bis zum Herbst, für mich eine tolle Neuentdeckung.

## 'Fahrenheit Blues'

**Frucht:** braunrot mit dunkelblauer Kappe, bis 15 g, Erntestern
**Geschmack:** angenehm mild-aromatisch mit beeindruckender Süße
**Pflanze:** hoch wachsend, bis 220 cm, starkwüchsig, entgeizen, robust
**Ertrag:** mehr als 20 Blütenstände mit 15 bis 18 Blüten, Massenträger
**Verwendung:** Naschfrucht, Garniersorte, Salat
**Standort:** Gewächshaus und Freiland
**Historie:** Hier haben wir eine weitere Neuzucht von T. Wagner / USA, die aktuell eine der besten dunklen (anthocyanhaltigen) Sorten ist.

## 'Fandango'

Fleischtomate

**Frucht:** pink-rot, flachrund, sehr ebenmäßig, bis 400 g
**Geschmack:** ausgewogen tomatig mit beeindruckender Süße
**Pflanze:** hoch wachsend, üppiges Laub, bis 180 cm
**Ertrag:** 6 bis 7 Blütenstände mit 5 bis 8 Blüten, mittelspät
**Verwendung:** Concassée, Salat, Gemüse, Saft
**Standort:** Gewächshaus, geschütztes Freiland
**Historie:** ´Fandango` taucht zum ersten Mal im Seed Savers Yearbook 1997 auf. Sie ist eine wunderschöne und wohlschmeckende Rarität.

## 'Feuerwerk'

Fleischtomate

**Frucht:** rot-gelb geflammt, bis 250 g, teilweise mit Spitze
**Geschmack:** klassisches Tomatenaroma
**Pflanze:** niedrig und determiniert wachsend, bis 150 cm, zarte Pflanze, mehrtriebig ziehen
**Ertrag:** 3 bis 4 Blütenstände mit 8 bis 10 Blüten, mittelfrüh
**Verwendung:** Brotbelag, Salat, Concassée
**Standort:** Gewächshaus, im Freiland unbedingt vor Nässe schützen
**Historie:** Der Vater von Irina Zacharias (Bewahrerin vieler russischer Tomaten) hat vor 30 Jahren diese Sorte auf einem russischen Bauernmarkt erworben und weiter kultiviert.

# 'Fuzzy'

**Frucht:** rosa-rot, leicht behaart, bis 60 g
**Geschmack:** fein würzig aromatisch mit Süße
**Pflanze:** unbegrenztes Wachstum, sehr robust und pilztolerant
**Ertrag:** viele Blütenstände mit 8 bis 10 Blüten, mittelfrüh bis sehr spät
**Verwendung:** Salat, Suppe, Saft, Sauce
**Standort:** Gewächshaus, Freiland
**Historie:** Im Gewächshaus ist „Fuzzy“ die Rundtomate mit dem stärksten Wachstum. Sie ist eine meiner persönlichen Favoriten.

## 'Gargamel'

**Frucht:** grün-gelb-rot-violettblau gestreift, bis 50 g, matte Schale
**Geschmack:** kontrastreich süß-aromatisch gepaart mit einem rauchigen Anteil
**Pflanze:** hoch wachsend, bis 180 cm, dunkles Laub und dunkler Spross, mehrtriebig ziehen
**Ertrag:** 8 bis 10 Blütenstände mit 6 bis 8 Blüten, mittelspäter Erntebeginn bis zum Frost
**Verwendung:** Garniersorte, Direktverzehr, Salat
**Standort:** Gewächshaus und Freiland, Terrasse
**Historie:** Diese Liebhabersorte von Good Mind Seeds (USA) wird sonnenwärts besonders dunkel und ist spektakulär gefärbt.

Cocktailtomate

## 'Gelbes Birnchen'

**Frucht:** birnenförmig, gelb, bis 30 g
**Geschmack:** angenehm fein-würzig mit Süße und wenig Säure
**Pflanze:** unbegrenzt wachsend, bis 250 cm, stark verzweigend, pilztolerant, mehrtriebig ziehen
**Ertrag:** Massen von Blütenständen mit 8 bis zu 20 Blüten, früh
**Verwendung:** Naschfrucht, Salat, Garniersorte
**Standort:** Gewächshaus, Freiland
**Historie:** Es scheint sich um eine sehr alte Sorte zu handeln, die schon im 17. Jahrhundert in Kräuterbüchern Erwähnung findet. Sie ist eine beliebte Kindernaschfrucht.

Fleischtomate

## 'German Gold'

**Frucht:** gekerbt, goldgelbrot geflammt, bis 500 g, vollfleischig, samenarm
**Geschmack:** hervorragend fruchtig-aromatisch mit dezenter Süße, schmelzend
**Pflanze:** hoch wachsend, bis 180 cm, schwach belaubt, zweitriebig ziehen
**Ertrag:** 5 bis 6 Blütenstände mit 4 bis 6 Blüten, mittelspät
**Verwendung:** Salat, Concassèe, Brotbelag, Suppe
**Standort:** Gewächshaus empfehlenswert, geschütztes Freiland
**Historie:** Hier haben wir eine alte deutsche Sorte, die mit den Amish People nach Pennsylvania wanderte und reimportiert wurde.

## 'Giant Green Zebra'

**Frucht:** grün-orange gestreift, bis 700 g, nie mehlig
**Geschmack:** nachhaltig würzig-aromatisch, fein säuerlich
**Pflanze:** hoch wachsend, bis 180 cm, gesund
**Ertrag:** 5 bis 7 Blütenstände mit bis zu 10 Blüten, mittelspät
**Verwendung:** Salat, Brotbelag, Concassée, Dekoration
**Standort:** Gewächshaus, Freiland
**Historie:** Diese Sorte ist ohne Zweifel die schönste „Zebra-Tomate“ mit dem besten Ertrag. Sie wurde von Brad Gates auf Wild Boar Farms entwickelt.

Fleischtomate

## 'Gigant aus Taschkent'

**Frucht:** rosa-rot, bis 800 g, dünnschalig, flachrund, meist glatt
**Geschmack:** überzeugend aromatisch mit wenig Zucker, etwas rauchig
**Pflanze:** hoch wachsend, bis 170 cm, Kartoffelblatt, kräftig
**Ertrag:** 5-6 Blütenstände mit 6 bis 8 Blüten, mittelspät
**Verwendung:** Salat, Concassée, Suppe, Brotbelag
**Standort:** geschütztes Freiland, Gewächshaus
**Historie:** Diese Familiensorte brachte eine Schülerin nach den Sommerferien von der Großmutter aus Taschkent mit.

Fleischtomate

## 'Gioia della Mensa'

**Frucht:** rot, abgeflacht, bis 200 g, teilweise beutelförmig
**Geschmack:** komplexes Tomatenaroma, vollmundig
**Pflanze:** mittelhoch wachsend, bis 160 cm, starkwüchsig, entgeizen
**Ertrag:** 8 bis 10 verzweigte Blütenstände mit 5 bis 7 Blüten, mittelfrüh
**Verwendung:** Sauce, Direktverzehr, Mark, Trocknen
**Standort:** Gewächshaus, aber auch Freiland, eventuell Kübel
**Historie:** Diese reich tragende, historische Sorte aus Italien ist ausgesprochen lagerfähig.

## 'Gipsy'

Rundtomate

**Frucht:** schwarz-rot, grünschultrig, bis 150 g
**Geschmack:** vorzüglich würzig-aromatisch
**Pflanze:** mittelhoch wachsend, bis 160 cm, Kartoffelblatt, pilztolerant
**Ertrag:** 5 bis 7 Blütenstände mit 8 bis 10 Blüten, mittelfrüh
**Verwendung:** Salat, Concassée, Gemüse
**Standort:** Gewächshaus, Freiland
**Historie:** Diese Rarität aus Russland besitzt den besten Geschmack in der Anreife, also nicht zu spät ernten.

## 'Golden Queen'

Fleischtomate

**Frucht:** hellgelb mit dunkler Mitte, bis 200 g, dünnschalig
**Geschmack:** fein-würzig mit deutlicher Süße, saftig
**Pflanze:** mittelhoch wachsend, bis 160 cm
**Ertrag:** 5 bis 7 Blütenstände mit 7 bis 10 Blüten, mittelfrüh
**Verwendung:** Concassée, Salat, Gemüse
**Standort:** Gewächshaus, geschütztes Freiland
**Historie:** ´Golden Queen` wurde von einem der ersten Tomatenzüchter, A.W. Livingston, 1882 erstmalig in den USA auf den Markt gebracht.

Fleischtomate

## 'Golden Celebration'

**Frucht:** goldgelb, bis 600 g
**Geschmack:** intensiv fruchtig, nachhaltig aromatisch
**Pflanze:** mittelhoch wachsend, bis 160 cm
**Ertrag:** 8 verzweigte Blütenstände mit 5 bis 10 Blüten, mittelspät
**Verwendung:** Salat, Brotbelag, Concassée, Suppe
**Standort:** Gewächshaus, geschütztes Freiland
**Historie:** Die ´Golden Celebration` stammt aus Sibirien und überrascht mit einem tollen Aroma.

Rundtomate

## 'Goldene Königin'

**Frucht:** goldgelb mit Sprenkeln auf den Schultern, bis 80 g
**Geschmack:** überraschend süß-aromatisch, säurearm
**Pflanze:** hoch wachsend, bis 180 cm, mittlere Verzweigung
**Ertrag:** 8 bis 10 Blütenstände mit 7 bis 10 Blüten, früh
**Verwendung:** Naschfrucht, Salat, Garniersorte
**Standort:** Gewächshaus, Freiland
**Historie:** ´Goldene Königin` taucht in Deutschland erstmalig 1886 namentlich auf. Sie ist nicht mit ´Golden Queen` identisch.

## 'Granny's Throwing'

**Frucht:** Beutelform, rot, bis 350 g, teils hohl, dünnschalig
**Geschmack:** wunderbar ausgewogen tomatig mit etwas Zuckerdominanz
**Pflanze:** schlanker Wuchs, bis 180 cm, mehrtriebig ziehen
**Ertrag:** 12 bis 14 Blütenstände mit 5 bis 6 Blüten, mittelspät
**Verwendung:** Sauce, Salat, Füllen, Trocknen
**Standort:** geschütztes Freiland, Gewächshaus
**Historie:** Die Samen dieser historischen, italienischen Sorte mit perfektem Aroma stammen von „Diggers" in Australien. „Die Tomate eignet sich besonders als Wurfgeschoss für Politiker wie Silvio Berlusconi."

## 'Green Zebra'

**Frucht:** grün-gelb gestreift, platzfest, nie mehlig, bis 250 g
**Geschmack:** überzeugend würzig-aromatisch mit Süße
**Pflanze:** hoch wachsend, bis 200 cm, stark belaubt
**Ertrag:** 5 bis 6 Blütenstände mit 6 bis 7 Blüten, mittelfrüh bis spät
**Verwendung:** Salat, Concassée, Saft, Gemüse
**Standort:** Gewächshaus, Freiland
**Historie:** Im Jahre 1983 entstand diese Sorte bei T. Wagner als Kreuzung mit ´Evergreen`. Die „beste Köchin Amerikas", Alice Waters, verhalf der grünen Tomate zur Anerkennung.

Fleischtomate

## 'Großer Wiener Stummerer'

**Frucht:** rot, flachrund, leicht gekerbt, bis 400 g, dünnschalig
**Geschmack:** mild-aromatisch ohne Zucker- oder Säuredominanz, saftig
**Pflanze:** hoch und schlank wachsend, bis 180 cm, mehrtriebig ziehen
**Ertrag:** 8 bis 10 teilweise verzweigte Blütenstände mit 6 bis 8 Blüten, mittelfrüh
**Verwendung:** Salat, Sauce, Concassée, Brotbelag
**Standort:** Gewächshaus erforderlich
**Historie:** Diese historische Tomate aus Österreich zeichnet sich durch einen unglaublich hohen Ertrag aus.

Fleischtomate

## 'Grüne von Helarios'

**Frucht:** grün bis grün-gelb, bis 200 g, teilweise stark gekerbt
**Geschmack:** vorzüglich würzig mit milder Säure, saftig
**Pflanze:** niedrig wachsend, bis 80 cm, zartes Wachstum, mehrtriebig ziehen
**Ertrag:** 3 bis 4 Blütenstände mit bis zu 12 Blüten, mittelfrüh
**Verwendung:** Salat, Concassée, Brotbelag
**Standort:** Gewächshaus, Freiland
**Historie:** Die ´Grüne von Helarios` könnte eine historische Sorte aus Deutschland sein, die durch viele Früchte an einem Blütenstand auffällt.

## 'Helsing Junction Blues'

**Frucht:** braun-rot mit dunkelvioletter Kappe, bis 20 g, feste Schale
**Geschmack:** rauchig-aromatisch, kaum Süße, weich
**Pflanze:** hoch wachsend, bis 250 cm, entgeizen, Früchte können nur mit Sonnenlicht ganz dunkel werden
**Ertrag:** 15 Blütenstände mit 8 bis 10 Blüten, mittelfrüh
**Verwendung:** Naschfrucht, Garniersorte, Salat
**Standort:** Gewächshaus, aber auch Freiland
**Historie:** Tom Wagner (USA) ist der Züchter dieser spektakulären und sehr dunklen „Anthocyan-Tomate". Er hat sie nach einer Farm benannt.

Flaschentomate

## 'Himmelsstürmer'

**Frucht:** rot, feste Schale, bis 80 g
**Geschmack:** mild-aromatisch, saftarmes Fruchtfleisch
**Pflanze:** hoch und unbegrenzt wachsend, bis 300 cm, wenig Laub, mehrtriebig ziehen
**Ertrag:** über 15 Blütenstände mit bis zu 15 Blüten, mittelfrüh
**Verwendung:** Sauce, Mark, Frischverzehr, Einlegen
**Standort:** Gewächshaus, geschütztes Freiland
**Historie:** Diese Sorte ist anfällig für Blütenendfäule, daher ist gleichmäßiges Gießen wichtig. Sie ist eine Kreuzung zwischen ´De Berao` und ´San Marzano`, vermutlich aus Deutschland.

Cocktailtomate

## 'Hundreds and Thousands'

**Frucht:** strahlend rot, bis 5 g
**Geschmack:** intensiv süßaromatisch,
**Pflanze:** hoch wachsend, bis 250 cm, stark verzweigend, kräftig entgeizen
**Ertrag:** Massen von Blütenständen mit bis zu 20 Blüten
**Verwendung:** Naschfrucht, Tomatenrosinen
**Standort:** Gewächshaus, Freiland, bedingt Kübel
**Historie:** Diese unglaublich produktive Sorte ähnelt einer Wildtomate ist aber wesentlich süßer.

## 'Indigo Apple'

**Frucht:** rot mit dunkelvioletter Kappe, bis 120 g, platzfest
**Geschmack:** komplex süßwürzig, süß nur bei ausgesprochen gutem Wetter
**Pflanze:** hoch wachsend, bis 250 cm, kartoffelblättrig, mehrtriebig ziehen
**Ertrag:** 6 bis 10 Blütenstände mit bis zu 6 Blüten, früh bis zum Frost
**Verwendung:** Salat, Sauce, Frischverzehr
**Standort:** Gewächshaus, Freiland
**Historie:** ´Indigo Apple` ist eine sogenannte Anthocyan-Tomate, Nachkomme der Blue-OSU. Sie ist wenig anfällig, daher auch gut freilandgeeignet.

## 'Japanische Trüffel'

**Frucht:** Beutelform, etwas gekerbt, rot, bis 150 g
**Geschmack:** fein würzig mit verhaltener Süße
**Pflanze:** mittelhoch wachsend, mehrtriebig ziehen, wärmeliebend
**Ertrag:** 6 bis 7 verzweigte Blütenstände mit 5 bis 6 Blüten, mittelfrüh
**Verwendung:** Sauce, Mark, Trocknen, Frischverzehr
**Standort:** Gewächshaus, geschütztes Freiland
**Historie:** Es handelt sich um eine kommerzielle Sorte aus Russland, teils auch als ´Japonskij Trüffel` verbreitet.

Beuteltomate

## 'Japanische Trüffel Schwarz'

**Frucht:** Beutelform, etwas gekerbt, bis 150 g, braunrot
**Geschmack:** kräftig würzig mit schwacher Süße
**Pflanze:** hoch wachsend, bis 180 cm, kräftig, pilztolerant, wärmeliebend
**Ertrag:** 8 bis 12 Blütenstände mit 8 bis 12 Blüten, mittelfrüh
**Verwendung:** Saft, Sauce, Mark, Trocknen
**Standort:** Gewächshaus, geschütztes Freiland
**Historie:** Es handelt sich um eine kommerzielle russische Sorte, ebenfalls unter dem Namen ´Japanese Black Trifele` bekannt.

Cocktailtomate

## 'Kanaan'

**Frucht:** rot, bis 8 g, saftig, platzfest
**Geschmack:** überzeugend aromatisch mit Zuckeranteil
**Pflanze:** hoch wachsend, bis 180 cm, mehrtriebig ziehen, krautfäuletolerant
**Ertrag:** Massen von Blütenständen mit mehr als 10 Blüten, mittelfrüh bis zum Frost
**Verwendung:** Naschfrucht, Salat, Garniersorte
**Standort:** gute Freilandsorte
**Historie:** Kanaan kommt aus der ehemaligen DDR. Sie ähnelt einer Wildtomate.

## 'Kasachstan Rote Flasche'

**Frucht:** rot, dickbauchig, fleischig, bis 200 g
**Geschmack:** würzig-tomatig, kaum Süße, saftarm
**Pflanze:** mittelhoch wachsend, bis 160 cm, stark belaubt, pilztolerant
**Ertrag:** 5 bis 8 Blütenstände mit 8 bis 10 Blüten, mittelfrüh
**Verwendung:** Saft, Sauce, Mark, Trocknen, Einlegen
**Standort:** Gewächshaus, Freiland
**Historie:** Der Name weist darauf hin, dass diese sehr robuste Sorte aus Kasachstan stammt. Die dickbauchigen Früchte sind gegenüber anderen Flaschentomaten wesentlich fleischiger.

## 'Kasachstan Rubin'

**Frucht:** rubin-rot, schnittfest, bis 200 g
**Geschmack:** aromenreich mit perfektem Zucker-Säure-Verhältnis
**Pflanze:** hoch wachsend, bis 200 cm, gut belaubt, unempfindlich
**Ertrag:** 6 bis 8 Blütenstände mit 8 bis 12 Blüten, mittelfrüh
**Verwendung:** Brotauflage, Salat, Concassée, Suppe
**Standort:** Gewächshaus, Freiland
**Historie:** ´Kasachstan Rubin` besitzt perfekte und wunderschöne Früchte mit klassischem Aroma. Dem Namen nach stammt sie vermutlich aus Kasachstan.

Fleischtomate

## 'Kimberly'

**Frucht:** pink-rot, abgeflacht, dünnschalig, bis 200 g
**Geschmack:** ausgezeichnet würzig-aromatisch
**Pflanze:** mittelhoch wachsend, bis 160 cm, gesundes Blattwerk
**Ertrag:** 6 bis 8 Blütenstände mit bis zu 10 Blüten, früh
**Verwendung:** Brotauflage, Salat, Concassée
**Standort:** Gewächshaus, Freiland
**Historie:** Diese Sorte wurde in Kanada gezüchtet. Die Zuchtziele waren eindeutig Geschmack und Robustheit.

Cocktailtomate

## 'Kleine Thai'

**Frucht:** Cocktailtomate, rot, platzfest, bis 10 g
**Geschmack:** aromatisch und süß-würzig
**Pflanze:** hoch wachsend, bis 180 cm, dichtes Blattwerk, pilztolerant
**Ertrag:** Massen von Blütenständen mit bis zu 15 Blüten, früh
**Verwendung:** Naschfrucht, Salat, Garniersorte
**Standort:** Gewächshaus, Freiland, Kübel (dann begrenzen)
**Historie:** Die ´Kleine Thai` ist im Freiland weniger platzfest. Ihre Herkunft wird mit Thailand angegeben.

## 'Königin der Nacht'

**Frucht:** unterschiedlich groß, gelb-rot-blau gestreift mit blauer Kappe, bis 150 g
**Geschmack:** komplex würzig-aromatisch, fleischig
**Pflanze:** mittelhoch und kompakt wachsend, bis 160 cm, dunkles Laub, robust, mehrtriebig ziehen
**Ertrag:** verzweigte Blütenstände mit 6 bis 10 Blüten, mittelspät
**Verwendung:** Direktverzehr, Dekoration, Salat, Gemüse
**Standort:** Gewächshaus, Freiland
**Historie:** Diese neue „Anthocyan-Tomate" ist der absolute Blickfang im Garten oder auf dem Balkon mit tollem Aroma.

Rundtomate

## 'Kumato Bandeja'

**Frucht:** pflaumenförmig, braunrot, bis 80 g, feste Schale
**Geschmack:** fein-würzig, verhaltener Zuckeranteil, saftig
**Pflanze:** hoch wachsend, bis 180 cm, gesunde Pflanze
**Ertrag:** 6 bis 8 Blütenstände mit 8 bis 10 Blüten, später Erntebeginn bis zum Frost
**Verwendung:** Frischverzehr, Naschfrucht
**Standort:** Gewächshaus, Freiland, Terrasse
**Historie:** Diese Tomate besitzt einen hohen Lykopingehalt, ist lange lagerfähig, bringt aber nur mittlere Erträge. Sie ist nicht mit der Kumato aus dem Handel zu verwechseln, die eine F1-Hybride ist.

Paprikatomate

## 'Liberty Bell'

**Frucht:** rot, hohl, kaum Saft, leicht gefurcht, dickwandig, bis 120 g
**Geschmack:** mild-aromatisch, wenig Säure
**Pflanze:** hoch und unbegrenzt wachsend, gesundes und dichtes Blattwerk
**Ertrag:** 7 bis 8 Blütenstände mit bis zu 12 Blüten, mittelfrüh
**Verwendung:** Gemüse, zum Füllen geeignet, Trocknen
**Standort:** Gewächshaus, da wärmeliebend
**Historie:** Diese ausgefallene Tomatensorte zeichnet sich durch einen sehr hohen Ertrag aus.

# 'Lilian's Yellow Heirloom'

**Frucht:** gelb und rosa marmoriert, bis 500 g
**Geschmack:** feinwürzig-fruchtig mit einzigartigem Zitrusaroma
**Pflanze:** hoch wachsend, bis 180 cm, Kartoffelblatt
**Ertrag:** 4 bis 6 Blütenstände mit 5 bis 8 Blüten, spät
**Verwendung:** Frischverzehr, Concassée, Salat
**Standort:** Gewächshaus empfehlenswert
**Historie:** Diese Heirloom-Sorte aus Tennessee ist kernarm mit einzigartigem Aroma und daher eine Rarität.

Fleischtomate

## 'Livingston's Beauty'

**Frucht:** pink-rot, bis 200 g, sehr einheitlich
**Geschmack:** ausgewogen würzig-aromatisch mit Süße
**Pflanze:** hoch wachsend, bis 200 cm, robust, pilztolerant
**Ertrag:** 8 bis 12 Blütenstände mit 8 bis 10 Blüten, früh
**Verwendung:** Salat, Saft, Sauce, Direktverzehr
**Standort:** Gewächshaus, Freiland
**Historie:** Seit 1888 wird diese Sorte kommerziell angeboten. Sie wurde von einem der ersten Tomatenzüchter A. Livingston in den USA gezüchtet und erhielt die Beschreibung: "Kronjuwel aller Tomaten".

Cocktailtomate

## 'Lollipop'

**Frucht:** hellgelb, feste Schale, platzfest, bis 15 g
**Geschmack:** fein-aromatisch mit deutlicher Zuckerdominanz
**Pflanze:** hoch wachsend, kräftig belaubt, pilztolerant
**Ertrag:** Massen von Blütenständen mit bis zu 15 Blüten, mittelfrüh
**Verwendung:** Naschfrucht, Garniersorte, Salat
**Standort:** Gewächshaus, Freiland, Kübel (dann begrenzen)
**Historie:** ´Lollipop` ist eine „Obsttomate", die bis zum Frost geerntet werden kann. Sie hat ihren Ursprung in den USA.

## 'Mandarin'

**Frucht:** orange, bis 200 g, festes Fruchtfleisch
**Geschmack:** delikat aromatisch mit wenig Säure, sämig
**Pflanze:** mittelhoch wachsend, bis 160 cm, schwach belaubt, mehrtriebig ziehen
**Ertrag:** 5 bis 6 Blütenstände mit 5 bis 7 Blüten, mittelfrüh
**Verwendung:** Salat, Concassée, Frischverzehr
**Standort:** Gewächshaus empfehlenswert, Kübel
**Historie:** Diese außergewöhnlich geformte, säurearme Sorte erinnert an eine Orange. Ihre Herkunft ist unbestimmt.

## 'Marglobe'

**Frucht:** rot, festes Fruchtfleisch, bis 200 g
**Geschmack:** beeindruckend würzig-aromatisch
**Pflanze:** mittelhoch wachsend, bis 160 cm, starkwüchsig, kartoffelblättrig, pilztolerant
**Ertrag:** 8 bis 9 Blütenstände mit 6 bis 8 Blüten,
**Verwendung:** Salat, Sauce, Saft
**Standort:** Gewächshaus, Freiland
**Historie:** ´Marglobe` ist eine 1917 von F.J. Pritchard gezüchtete Kreuzung zwischen ´Livingston Globe` und ´Marvel`. Sie wurde Ausgangssorte für viele weitere Züchtungen und ist sehr tolerant gegenüber Tomatenkrankheiten.

## 'Marianna's Peace'

**Frucht:** pink-rosa, stark gekerbt, bis 500 g
**Geschmack:** unvergleichlich süß-fruchtig, hoch aromatisch
**Pflanze:** mittelhoch wachsend, bis 160 cm, kräftiger Spross
**Ertrag:** 5 bis 7 Blütenstände mit 6 bis 8 Blüten, mittelspät
**Verwendung:** Concassée, Salat, Frischverzehr
**Standort:** Gewächshaus erforderlich
**Historie:** Diese historische Sorte, die man bis 1900 zurückverfolgen kann, ist aus dem Böhmerwald mit Marianna in die USA gewandert und galt als die „köstlichste und teuerste Tomate der Welt".

## 'Marizol Bratka'

**Frucht:** dunkelpink, glattschalig, bis 300 g
**Geschmack:** ausgezeichnet fruchtig-aromatisch, Zucker und Säure ausgeglichen
**Pflanze:** hoch wachsend, bis 180 cm, sehr robust
**Ertrag:** 7 bis 8 Blütenstände mit 6 bis 8 Blüten, mittelfrüh
**Verwendung:** Concassée, Salat, Saft, Frischverzehr
**Standort:** Gewächshaus, Freiland
**Historie:** Diese vorzügliche Tomate ist eine Züchtung von Joe Bratka aus New Jersey zwischen ´Brandywine` und ´Marizol Purple` um 1990.

## 'Marmande'

**Frucht:** rubinrot, bis 500 g, unterschiedlich große Früchte, leicht gekerbt
**Geschmack:** vollendet würzig-tomatig
**Pflanze:** mittelhoch und semideterminiert wachsend, bis 150 cm, mehrtriebig ziehen
**Ertrag:** 5 bis 7 Blütenstände mit 6 bis 8 Blüten, früh
**Verwendung:** Salat, Concassée, Frischverzehr
**Standort:** Gewächshaus, geschütztes Freiland
**Historie:** ´Marmande` ist eine historische Sorte aus Frankreich, die auch bei kühlerem Wetter ertragreich ist.

# 'Mary Robinson German Bicolor'

**Frucht:** pink-orange marmoriert, fleischig, bis 700 g
**Geschmack:** vollendet tomatig mit intensivem Fruchtcharakter
**Pflanze:** mittelhoch wachsend, bis 160 cm
**Ertrag:** 5 bis 6 Blütenstände mit 5 bis 7 Blüten, mittelspät
**Verwendung:** Salat, Concassée, Brotbelag
**Standort:** Gewächshaus, Freiland mit Regenschutz
**Historie:** Diese wunderschöne Sorte wurde aus Deutschland mit in die USA genommen und ist eine Rarität, da sie kernarm ist.

## 'Matina'

**Frucht:** rot, bis 80 g
**Geschmack:** erfrischend süß-fruchtig mit feiner Säure
**Pflanze:** hoch wachsend, bis 200 cm, regentolerant, mehrtriebig ziehen
**Ertrag:** 10 bis 15 Blütenstände mit 8 bis 10 Blüten, sehr früh
**Verwendung:** Salat, Gemüse, Brotbelag, Sauce
**Standort:** Gewächshaus, Freiland
**Historie:** ´Matina` ist eine reich tragende Tomate aus der ehemaligen DDR mit sehr schönen gleichmäßigen Früchten.

## 'Moneymaker'

**Frucht:** rot, bis 150 g, fleischig
**Geschmack:** überzeugend fruchtig-frisches Tomatenaroma
**Pflanze:** hoch wachsend, bis 180 cm, widerstandsfähig, Kartoffelblatt, entgeizen
**Ertrag:** 12 bis 15 Blütenstände mit 15 bis 20 Blüten, mittelfrüh bis zum Frost
**Verwendung:** Frischverzehr, Sauce, Salat, Gemüse
**Standort:** Gewächshaus, aber auch Freiland
**Historie:** ´Moneymaker` stammt aus England um 1916, ist kältetolerant, außergewöhnlich tomatig mit sehr reicher Ernte.

Fleischtomate

## 'Multi Color'

**Frucht:** Fleischtomate, rotorange marmoriert, bis 600 g
**Geschmack:** delikat süß-aromatisch
**Pflanze:** mittelhoch wachsend, schwach belaubt, mehrtriebig ziehen
**Ertrag:** 5 bis 6 Blütenstände mit 5 bis 7 Blüten, mittelfrüh
**Verwendung:** Salat, Concassée, Gemüse, Brotbelag
**Standort:** Gewächshaus, Freiland mit Regenschutz
**Historie:** ´Multi Color` ist eine der schönsten zweifarbigen Sorten mit wenigen, aber malerischen Früchten.

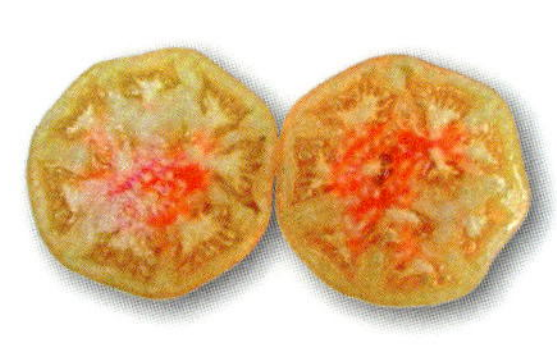

Cocktailtomate

## 'Negro Azteca'

**Frucht:** braun bis blaubraun, bis 20 g
**Geschmack:** delikat würzig-aromatisch, fein balanciert
**Pflanze:** hoch und unbegrenzt wachsend, bis 300 cm, sehr robust, mehrtriebig ziehen, Kartoffelblatt
**Ertrag:** mehr als 30 Blütenstände mit 15 bis 20 Blüten, mittelfrüh bis zum Frost
**Verwendung:** Naschfrucht, Salat, Dekoration
**Standort:** Gewächshaus, Freiland
**Historie:** Dieser Massenträger ähnelt ´Black Cherry`, ist noch wüchsiger und wurde erstmalig 2005 in Kalifornien entdeckt.

## 'Nepal'

**Frucht:** rot, bis 400 g, fleischig, kaum gefurcht
**Geschmack:** aromatisch mit mehr Süße als Säure, saftig
**Pflanze:** hoch wachsend, bis 200 cm, kräftig, unempfindlich
**Ertrag:** 8 bis 10 Blütenstände mit 8 bis 12 Blüten, mittelfrüh
**Verwendung:** Salat, Concassée, Suppe
**Standort:** Gewächshaus, Freiland
**Historie:** ´Nepal` ist eine sehr ertragreiche Tomate, die aus dem Himalaya stammen soll und damit auch für ein raueres Klima geeignet ist.

Fleischtomate

## 'Noire de Crimée'

**Frucht:** dunkelrot bis braunrot, bis 250 g, grünschultrig
**Geschmack:** beeindruckend würzig, sehr aromenreich
**Pflanze:** mittelhoch wachsend, bis 160 cm, kräftiges, dunkles Laub
**Ertrag:** 5 bis 6 Blütenstände mit 6 bis 8 Blüten, mittelfrüh
**Verwendung:** Concassée, Salat, Frischverzehr
**Standort:** Gewächshaus, Freiland
**Historie:** Diese Tomate ist eine der ältesten bekannten historischen Sorten mit dunkler Farbe. Sie wird wohl russische Wurzeln haben.

Fleischtomate

## 'Oaxacan Jewel'

**Frucht:** rot-orange geflammt, leicht gekerbt, bis 300 g
**Geschmack:** einzigartig süß, fein würzig, schmelzend
**Pflanze:** mittelhoch wachsend, bis 160 cm, zarte Pflanze, mehrtriebig ziehen
**Ertrag:** 5 bis 7 Blütenstände mit 7 bis 10 Blüten, früh bis spät
**Verwendung:** Salat, Frischverzehr, Concassée
**Standort:** Gewächshaus, da sehr wärmeliebend
**Historie:** Es handelt sich um eine historische mexikanische Sorte mit hohem Wärmebedarf, die einzigartig köstlich schmeckt.

Fleischtomate

## 'Old German'

**Frucht:** orange, rot gesternt, bis 500 g, kernarm
**Geschmack:** außergewöhnlich fruchtig und aromenreich
**Pflanze:** mittelhoch wachsend,
**Ertrag:** 5 bis 7 Blütenstände mit 6 bis 8 Blüten, mittelspät
**Verwendung:** Concassée, Salat, Frischverzehr
**Standort:** Gewächshaus, Freiland mit Regenschutz
**Historie:** Von deutschen Einwanderern wurde diese Tomate im 19. Jahrhundert nach Hampshire County, West Virginia, mitgenommen, wo sie von den Mennoniten viele Jahrzehnte kultiviert wurde. Auch unter dem Namen ´Striped German`verbreitet.

## 'Omas Beste'

Eiertomate

**Frucht:** dickbauchig, rot, bis 60 g, sehr fleischig
**Geschmack:** überraschend aromatisch, wenig Süße, Fruchtfleisch sämig
**Pflanze:** hoch wachsend, bis 200 cm, mäßig entgeizen, robust
**Ertrag:** 10 bis 15 Blütenstände mit 8 bis 12 Blüten
**Verwendung:** Sauce, Salat, Gemüse, Trocknen
**Standort:** Gewächshaus, aber auch Freiland
**Historie:** ´Omas Beste` ist eine tschechische Auslese von Deberao und wie diese eine sehr gute Pasta-Tomate.

## 'Orange Favorite'

Rundtomate

**Frucht:** leuchtend orange, bis 80 g
**Geschmack:** erfrischend aromatisch mit Zuckerdominanz
**Pflanze:** hoch wachsend, bis 220 cm, kartoffelblättrig, wärmeliebend
**Ertrag:** 10 bis 14 Blütenstände mit bis zu 12 Blüten,
**Verwendung:** Naschfrucht, Salat, Gemüse
**Standort:** Gewächshaus empfehlenswert
**Historie:** ´Orange Favorite` zeichnet sich durch einen sehr hohen Ertrag von wunderschönen, glattschaligen Früchten aus.

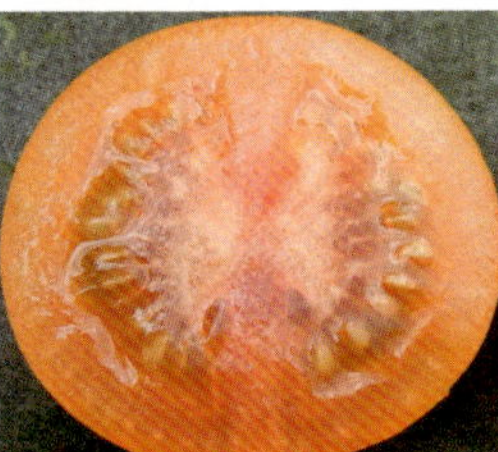

## 'Orange Fleshed Purple Smudge'

**Frucht:** gelborange mit violetten Sprenkeln auf der Kappe, bis 180 g
**Geschmack:** erfrischend aromatisch mit etwas Süße, schmelzend
**Pflanze:** hoch wachsend, bis 200 cm,
**Ertrag:** 12 bis 14 Blütenstände mit 8 bis 10 Blüten, mittelfrüh
**Verwendung:** Frischverzehr, Salat, Concassée
**Standort:** Gewächshaus, geschütztes Freiland
**Historie:** Die Früchte dieser sehr produktiven Rarität aus den USA, die bereits 1963 auftauchte, zergehen auf der Zunge.

## 'Orange Russian'

**Frucht:** rot-gelb gestreift, vollfleischig, samenarm, bis 600 g
**Geschmack:** köstlich süß-fruchtig, schmelzend
**Pflanze:** hoch wachsend, bis 180 cm, pilztolerant, stark belaubt, entgeizen
**Ertrag:** 8 bis 10 Blütenstände mit 4 bis 6 Blüten, mittelspät
**Verwendung:** Salat, Concassée, Gemüse, Suppe
**Standort:** Freiland, Gewächshaus
**Historie:** Hier haben wir eine selten köstliche Kreuzung aus ´Russian` und ´Georgia Streak` von J. Dawson, die mit sehr hohem Ertrag und attraktiven Früchten punktet.

Eiertomate

## 'Oranzhevje Slivki'

**Frucht:** orange, bis 40 g, feste Schale
**Geschmack:** angenehm süß-aromatisch mit einem Hauch von Säure
**Pflanze:** hoch wachsend, bis 200 cm, pilztolerant, kältetolerant
**Ertrag:** viele Blütenstände mit 8 bis 10 Blüten
**Verwendung:** Naschfrucht, Salat, Garniersorte, Einlegen
**Standort:** Gewächshaus, Freiland
**Historie:** Die kleine Eiertomate ist eine robuste, kommerzielle Sorte aus Russland, deren Früchte lange lagerfähig sind.

Rundtomate

## 'Oziris'

**Frucht:** braunrot, bis 150 g, verschiedene Größen
**Geschmack:** konzentriert würzig mit dezenter Süße
**Pflanze:** mittelhoch wachsend, bis 160 cm, stark belaubt
**Ertrag:** 6 bis 7 Blütenstände mit 6 bis 8 Blüten, mittelfrüh
**Verwendung:** Salat, Direktverzehr, Concassée
**Standort:** Gewächshaus, Freiland mit Regenschutz
**Historie:** ´Oziris` ist eine kommerzielle Sorte aus Russland mit dem typischen Geschmack dunkler Tomaten.

## 'Pansy Ap'

**Frucht:** gelb mit violett-schwarzen Schultern, bis 200 g, weich, behaart
**Geschmack:** obstartig aromatisch mit wenig Säure, saftig
**Pflanze:** mittelhoch wachsend, bis 180 cm, robust
**Ertrag:** 8 bis 10 verzweigte Blütenstände mit 8 bis 10 Blüten, mittelfrüh
**Verwendung:** Frischverzehr, Gemüse, Salat
**Standort:** Gewächshaus, Freiland, eventuell Kübel
**Historie:** Diese außergewöhnliche Neuzucht von T. Wagner zeigt bei der Reifung ein tolles Farbenspiel.

## 'Paul Robeson'

**Frucht:** rot-braun, bis 300 g, vollfleischig
**Geschmack:** nachhaltig würzig-aromatisch, ausgewogen, saftig
**Pflanze:** hoch wachsend, bis 180 cm, entgeizen
**Ertrag:** 5 bis 6 Blütenstände mit 10 bis 15 Blüten, mittelspät
**Verwendung:** Salat, Concassée, Sauce, Suppe
**Standort:** Gewächshaus, Freiland
**Historie:** Benannt nach einem amerikanischen Sänger und Bürgerrechtler, verträgt diese russische Sorte kühles Klima. Es ist ebenfalls eine Rundtomate gleichen Namens bekannt.

Cocktailtomate

## 'Peacevine Cherry'

**Frucht:** rot, platzfest, bis 10 g
**Geschmack:** hoch aromatisch mit deutlichem Zuckeranteil
**Pflanze:** unbegrenzt wachsend, gesundes Laub, pilztolerant
**Ertrag:** Massen von Blütenständen mit bis zu 20 Blüten, mittelfrüh
**Verwendung:** Kindernaschfrucht, Salat, Garniersorte
**Standort:** Gewächshaus so gut wie Freiland, Kübel (im Wuchs begrenzen)
**Historie:** Die ´Peacevine Cherry` zeichnet sich durch einen hohen Vitamin-C-Gehalt aus. Sie wurde in den USA selektioniert.

Beuteltomate

## 'Periforme Abruzzese'

**Frucht:** beutelförmig, rot, dünnschalig, bis 350 g
**Geschmack:** perfektes Tomatenaroma mit ausgewogenem Zucker-Säure-Anteil
**Pflanze:** hoch wachsend, bis 170 cm, schlank, mehrtriebig ziehen
**Ertrag:** 10 bis 12 Blütenstände mit 8 bis 10 Blüten, mittelfrüh
**Verwendung:** Salat, Sauce, Mark, Trocknen, zum Füllen geeignet
**Standort:** Gewächshaus, geschütztes Freiland
**Historie:** Diese sehr leckere Tomate ist wahrscheinlich eine historische italienische Sorte. Sie wurde in Australien bei „Diggers“ erworben.

## 'Perzewidnij'

Flaschentomate

**Frucht:** rot, fleischig, bis 150 g
**Geschmack:** überraschend würzig-aromatisch, kaum Süße
**Pflanze:** hoch wachsend, bis 240 cm, schlank, mehrtriebig ziehen, pilztolerant
**Ertrag:** bis zu 15 Blütenstände mit bis zu 15 Blüten, früh
**Verwendung:** Sauce, Mark, Trocknen, Frischverzehr
**Standort:** Gewächshaus, Freiland
**Historie:** Diese russische Sorte ist enorm produktiv, besonders für das Freiland geeignet und eine gute Saucentomate.

## 'Pineapple Fog'

Rundtomate

**Frucht:** orange-gelb-rot marmoriert, bis 80 g, dunkler Blütenpol
**Geschmack:** fruchtig-aromatisch mit dezenter Süße
**Pflanze:** hoch wachsend, bis 220 cm, nicht sehr dicht belaubt
**Ertrag:** 8 bis 12 Blütenstände mit 8 bis 10 Blüten, früh bis spät
**Verwendung:** Frischverzehr, Salat, Gemüse
**Standort:** Gewächshaus, Freiland mit Regenschutz
**Historie:** Pineapple Fog ähnelt der ´Ananas`-Tomate, ist aber viel kleiner. Sie wurde in den USA selektioniert.

Fleischtomate

## 'Pink Lemon'

**Frucht:** gelb-orange-pink gesternt, bis 600 g, plattrund, teilweise gekerbt
**Geschmack:** fruchtig-aromatisch mit einem Hauch von Zitrus
**Pflanze:** hoch wachsend, bis 180 cm, wärmeliebend
**Ertrag:** 6 bis 7 Blütenstände mit 6 bis 8 Blüten, spät
**Verwendung:** Concassée, Salat, Frischverzehr
**Standort:** Gewächshaus wegen der späten Reife
**Historie:** ´Pink Lemon` ist eine besonders ausgefallene, zweifarbige Sorte mit exzellentem Aroma. Ihr Ursprung liegt in den USA.

Flaschentomate

## 'Plum Lemon'

**Frucht:** zitronenförmig, gelb, bis 150 g, dicke Fruchtwände
**Geschmack:** mild-fruchtig mit einem Hauch von Zitrus, saftarm
**Pflanze:** mittelhoch wachsend, bis 160 cm, Kartoffelblatt
**Ertrag:** 6 bis 8 Blütenstände mit bis zu 10 Blüten, mittelspät
**Verwendung:** zum Füllen geeignet, Trocknen, Deko, lagerfähig
**Standort:** Gewächshaus, bestens im Freiland
**Historie:** ´Plum Lemon` wurde 1991 vom Sammler alter Sorten, Kent Whealy, auf dem Vogelmarkt in Moskau entdeckt. In Russland auch unter dem Namen „Limmony Liana“ bekannt.

## 'Power's Heirloom'

Eiertomate

**Frucht:** dickbauchig, gelb, bis 150 g, fest, dünnschalig
**Geschmack:** fruchtig-aromatisch mit feinem Zuckeranteil, cremig
**Pflanze:** hoch wachsend, kräftiges, helles Laub, wärmeliebend
**Ertrag:** 6 bis 9 Blütenstände mit 6 bis 8 Blüten, mittelfrüh
**Verwendung:** Salat, Einlegen, Mousse, Trocknen
**Standort:** Gewächshaus, geschütztes Freiland
**Historie:** Diese Heirloom-Sorte aus Virginia ist seit 100 Jahren bekannt. Sie ergibt vor allem eine cremige Paste für Fischgerichte.

## 'Principe Borghese'

Eiertomate

**Frucht:** rot, mit Spitze, bis 50 g, feste Schale
**Geschmack:** mild-aromatisch mit dezenter Süße
**Pflanze:** mittelhoch wachsend, bis 150 cm, kräftiges, dunkles Laub
**Ertrag:** 6 bis 8 Blütenstände mit 6 bis 8 Blüten, mittelfrüh
**Verwendung:** Sauce, Mark, Salat, Einlegen
**Standort:** Gewächshaus, besser Freiland, Bodendecker, Kübel
**Historie:** Diese perfekte Saucentomate ist eine historische Sorte aus Italien und wird dort in der Regel als Bodendecker gezogen.

Eiertomate

## 'Prue'

**Frucht:** dickbauchig, rosarot, feste Schale
**Geschmack:** mild-aromatisch mit feiner Säure
**Pflanze:** hoch wachsend, bis 180 cm, kräftiges, dunkles Laub, pilztolerant
**Ertrag:** 6 bis 8 Blütenstände mit bis zu 10 Blüten, mittelfrüh
**Verwendung:** Salat, Mark, Trocknen, Einlegen
**Standort:** Gewächshaus, Freiland
**Historie:** ´Prue` ist eine fast kernlose Longlife-Tomate und eine Rarität. Sie wurde nach Mr. Prue aus Massachusetts benannt, der um 1900 geboren wurde und diese Sorte kultivierte.

Eiertomate

## 'Prune Jaune'

**Frucht:** gelb, oval, bis 20 g
**Geschmack:** ansprechend mild-aromatisch mit Süße, bei Überreife mehlig
**Pflanze:** unbegrenzt wachsend, bis 220 cm, pilztolerant
**Ertrag:** bis zu 20 Blütenstände mit bis zu 12 Blüten, früh bis spät
**Verwendung:** Naschfrucht, Garniersorte, Marmelade
**Standort:** Gewächshaus, Freiland, Kübel (Wachstum begrenzen)
**Historie:** ´Prune Jaune` kann in den USA bis 1877 zurückverfolgt werden. Sie ist die perfekte Kochtomate für gelbes Tomatenmousse.

## 'Purple Prince'

Rundtomate

**Frucht:** purpur-braun, bis 60 g, dünnschalig, unterschiedlich große Früchte
**Geschmack:** würzig-aromatisch mit deutlichem Säureanteil
**Pflanze:** hoch wachsend, schlank, gesundes Laub
**Ertrag:** 8 bis 10 verzweigte Blütenstände mit 7 bis 10 Blüten, mittelfrüh
**Verwendung:** Frischverzehr, Salat, Gemüse
**Standort:** Gewächshaus, Freiland
**Historie:** Es handelt sich um eine historische Sorte aus Sibirien, die gut im Freiland kultiviert werden kann.

## 'Purple Rosé'

Rundtomate

**Frucht:** purpur-rosa, bis 150 g
**Geschmack:** delikat süß-aromatisch, kaum Säure
**Pflanze:** mittelhoch wachsend, bis 160 cm
**Ertrag:** 8 bis 10 Blütenstände mit 5 bis 6 Blüten, mittelspät
**Verwendung:** Direktverzehr, Salat, Saft
**Standort:** Gewächshaus ausschließlich
**Historie:** ´Purple Rosé` stammt aus Frankreich. Sie entwickelt wunderschön gefärbte Früchte und ist sehr ertragreich.

Cocktailtomate

## 'Red Grape'

**Frucht:** eiförmig, rot, bis 15 g, matte Schale
**Geschmack:** intensiv würzig-tomatig, ähnlich einer Wildtomate
**Pflanze:** hoch und unbegrenzt wachsend, mehr als 250 cm, gesundes Laub, pilztolerant
**Ertrag:** Massen von Trauben mit bis zu 30 Früchten, früh bis spät
**Standort:** Freiland so gut wie Gewächshaus
**Verwendung:** Naschfrucht, Salat, Garniersorte, Sauce
**Historie:** ´Red Grape` hat noch viel von einer Wildtomate. Sie muss nicht entgeizt werden.

Cocktailtomate

## 'Reinhards Goldkirsche'

**Frucht:** gold-gelb, bis 12 g
**Geschmack:** beeindruckend aromatisch mit Zuckerdominanz
**Pflanze:** mittelhoch wachsend, bis 160 cm, mittlere Verzweigung
**Ertrag:** bis zu 20 Blütenstände mit bis zu 30 Blüten, früh bis spät
**Verwendung:** Naschfrucht, Garniersorte
**Standort:** Gewächshaus, aber auch Freiland
**Historie:** Diese Sorte kann man zu den Obsttomaten zählen. Sie wurde von Reinhard Kraft gezüchtet und entwickelt sehr gleichmäßige, gegenständige Rispen.

## 'Rosii Marunte'

**Frucht:** rot, bis 15 g, platzfest
**Geschmack:** ausgezeichnet würzig-aromatisch mit feiner Süße
**Pflanze:** unbegrenzt wachsend, zartes Laub, robust, nicht entgeizen
**Ertrag:** bis zu 20 Blütenstände mit bis zu 14 Blüten
**Verwendung:** Naschfrucht, Salat, Rosinen
**Standort:** Gewächshaus, Freiland, Kübel
**Historie:** ´Rosii Marunte` stammt aus Rumänien. Sie verträgt Trockenheit, kann auch in höheren Lagen angebaut werden und ähnelt Wildtomaten.

## 'Ruby Gold'

**Frucht:** gelb-rot gesternt, bis 450 g, weich, leicht gerippt
**Geschmack:** intensiv fruchtig mit perfektem Zucker-Säure-Anteil, schmelzend
**Pflanze:** hoch wachsend, bis 180 cm, kräftiges Wachstum, pilztolerant
**Ertrag:** 6 bis 9 Blütenstände mit 5 bis 8 Blüten, mittelspät
**Verwendung:** Salat, Concassée, Saft, Brotbelag
**Standort:** Gewächshaus wegen der späten Reife
**Historie:** Diese historische Sorte aus USA ist kernarm und daher eine Rarität. Sie kann bis 1921 zurückverfolgt werden und wurde 1976 für die Gold-Medaille vorgeschlagen.

Fleischtomate

## 'Schwarze Sarah'

**Frucht:** braun-rot, purpur gesternt, bis 400 g
**Geschmack:** ausgezeichnetes Zucker-Säure-Verhältnis, schmelzend
**Pflanze:** mittelhoch wachsend, bis 160 cm, schwach belaubt, wärmeliebend
**Ertrag:** 5 bis 7 Blütenstände mit 5 bis 8 Blüten, mittelspät
**Verwendung:** Salat, Brotbelag, Concassée, Gemüse
**Standort:** Gewächshaus empfehlenswert
**Historie:** Es handelt sich um eine historische Sorte, möglicherweise aus dem Raum Freiburg. Sie gehört zu den später reifenden, sollte aber wegen ihres Geschmacks unbedingt angebaut werden.

Fleischtomate

## 'Shah'

**Frucht:** cremeweiß bis hellgelb, bis 250 g, teilweise mit rosa Stern, dünnhäutig
**Geschmack:** delikat aromatisch mit einem Hauch von Süße, schmelzend
**Pflanze:** hoch wachsend, bis 200 cm, Kartoffelblatt
**Ertrag:** 7 bis 10 Blütenstände mit 6 bis 8 Blüten, mittelspät
**Verwendung:** Salat, Concassée, Gemüse, Brotbelag
**Standort:** Gewächshaus, Freiland mit Regenschutz
**Historie:** ´Shah` ist eine kommerzielle, historische Sorte von Peter Henderson, die in den USA bis 1890 zurückverfolgt werden kann. Gelegentlich wird sie unter der Bezeichnung ´Mikado White` angeboten.

## 'Shimmeig Creg'

**Frucht:** gelb-rot geflammt, bis 150 g, teilweise Herzform, feste Schale, glänzend
**Geschmack:** würzig-aromatisch mit feiner Säure, saftarm
**Pflanze:** hoch wachsend, bis 180 cm, Spross wenig flexibel, zweitriebig ziehen
**Ertrag:** 6 bis 8 Blütenstände mit 7 bis 10 Blüten, mittelfrüh bis spät
**Verwendung:** Sauce, Salat, Trocknen, Einlegen
**Standort:** Gewächshaus, Freiland
**Historie:** Diese Sorte wurde von Tom Wagner entwickelt. Der Name bedeutet „gestreifter Fels“, stammt aus dem Manx-Gälisch, gesprochen auf der Isle of Man, von der seine Vorfahren stammen.

Beuteltomate

## 'Siberian Golden Pear'

**Frucht:** beutel- bis birnenförmig, orange, platzfest, bis 100 g, feste Schale
**Geschmack:** mild-würzig mit wenig Säure, leichte Süße
**Pflanze:** hoch wachsend, bis 220 cm
**Ertrag:** 3 bis 6 Blütenstände mit 5 bis 9 Blüten, mittelfrüh
**Verwendung:** Salat, Sauce, Ketchup
**Standort:** Gewächshaus, Freiland
**Historie:** ´Siberian Golden Pear` zeichnet sich durch eine außergewöhnliche Fruchtform aus. Sie ist durchaus für das Freiland geeignet und lange lagerfähig.

Rund-/Fleischtomate

## 'Sioux'

**Frucht:** rot, bis 200 g
**Geschmack:** außergewöhnlich aromatisch mit Zucker- und Säureanteil
**Pflanze:** hoch wachsend, bis 180 cm, kräftig, gesund
**Ertrag:** 8 bis 12 Blütenstände mit bis zu 10 Blüten, mittelfrüh
**Verwendung:** Salat, Suppe, Sauce, Mark
**Standort:** Gewächshaus, Freiland mit Regenschutz
**Historie:** ´Sioux` wurde an der Universität von Nebraska gezüchtet. Sie kann bis 1944 zurückverfolgt werden und ist tolerant gegenüber Hitze und Trockenheit. In den USA ist sie daher sehr beliebt.

## 'Sorrento'

**Frucht:** rosa-rot, bis 300 g, schwach gerippt
**Geschmack:** großartig süßaromatisch mit zurückhaltender Säure
**Pflanze:** mittelhoch wachsend, bis 150 cm
**Ertrag:** 6 bis 9 Blütenstände mit 6 bis 8 Blüten, mittelspät
**Verwendung:** Salat, Concassée, Sauce, Brotbelag
**Standort:** Gewächshaus, geschütztes Freiland
**Historie:** ´Sorrento` wurde Anfang des 20. Jahrhunderts von Händlern aus den USA nach Neapel importiert und ist seither in der Umgebung des Vesuvs eine beliebte Sorte.

## 'St. Pierre'

**Frucht:** rubinrot, bis 300 g, dünnhäutig, festes Fruchtfleisch
**Geschmack:** ansprechend würzig-aromatisch mit feiner Süße
**Pflanze:** hoch wachsend, bis 180 cm, kräftiges Laub, pilztolerant
**Ertrag:** 6 bis 9 Blütenstände mit 7 bis 10 Blüten, früh bis mittelspät
**Verwendung:** Frischverzehr, Sauce, Mark, Salat
**Standort:** Gewächshaus, Freiland
**Historie:** Bei ´St. Pierre` handelt es sich um eine historische, französische Sorte, die immer noch sehr beliebt ist und bis 1880 zurückverfolgt werden kann.

# 'Striped Roman'

**Frucht:** auffällig lang gezogene Spitze, rot-gelb gestreift, bis 150 g, feste Schale
**Geschmack:** mild-würzig mit dezenter Säure, bei Überreife mehlig
**Pflanze:** hoch wachsend, bis 180 cm, anfangs zurückhaltend und zart wachsend
**Ertrag:** 6 bis 7 Blütenstände mit bis zu 9 Blüten, mittelfrüh bis spät
**Verwendung:** Frischverzehr, Sauce, Trocknen, Einlegen
**Standort:** Gewächshaus empfehlenswert
**Historie:** John Swenson aus Illinois züchtete 1997 diese attraktive Flaschentomate durch Kreuzung von ´Banana Legs` mit ´Antique Roman`. ´Striped Roman` reagiert empfindlich bei Trockenheit.

## 'Striped Turkish'

Rundtomate

**Frucht:** rot-orange-goldfarbene Streifen, bis 60 g, feste Schale
**Geschmack:** komplex würzig mit zurüchhaltender Süße
**Pflanze:** hoch wachsend, bis 220 cm, schlanker Wuchs, mehrtriebig ziehen
**Ertrag:** 7 bis 9 Blütenstände mit 8 bis 12 Blüten, mittelfrüh
**Verwendung:** Naschfrucht, Salat, Garniersorte
**Standort:** Gewächshaus, Freiland
**Historie:** ´Striped Turkish` ist eine äußerst attraktive Neuzucht, die ´Early Yellow Striped` sehr ähnlich ist.

Rundtomate

## 'Sweet Carneros Pink'

**Frucht:** pink mit goldgelben Streifen, bis 150 g
**Geschmack:** wohlschmeckend würzig mit deutlicher Süße
**Pflanze:** unbegrenzt wachsend, sehr robust
**Ertrag:** 8 bis 12 Blütenstände mit 8 bis 10 Blüten, mittelspät
**Verwendung:** Salat, Gemüse, Sauce
**Standort:** Gewächshaus, Freiland
**Historie:** Diese Sorte wurde auf Wild Boar Farms von Brad Gates entwickelt. Bei Mehrtriebigkeit werden die Früchte kleiner.

Eier-/Cocktailtomate

## 'Teardrop'

**Frucht:** Tränenform, rot, bis 40 g, glänzend und knackig
**Geschmack:** fein-würzig und aromenreich
**Pflanze:** hoch und unbegrenzt wachsend, bis 250 cm, mehrtriebig ziehen
**Ertrag:** bis zu 15 Blütenstände mit bis zu 15 Blüten, früh
**Verwendung:** Naschfrucht, Salat, Garniersorte
**Standort:** Gewächshaus, Terrasse, Kübel (begrenzen)
**Historie:** Diese unglaublich ertragreiche Sorte kann am Spalier gezogen werden. Sie stammt ursprünglich aus China.

## 'Tegucigalpa'

**Frucht:** mit Spitze, rot, dünnhäutig, saftarm
**Geschmack:** ansprechend mild-würzig, wenig Süße
**Pflanze:** unbegrenzt wachsend, bis 300 cm, gut belaubt, pilztolerant
**Ertrag:** bis zu 15 Blütenstände mit 6 bis 9 Blüten, mittelfrüh bis spät
**Verwendung:** Frischverzehr, Trocknen, Mark, Sauce
**Standort:** Gewächshaus, Freiland
**Historie:** ´Tegucigalpa` ist eine Bauernsorte aus Honduras, findet sich aber auch in Nicaragua. Sie toleriert feuchtes Klima, bei Trockenheit ist sie anfällig für Blütenendfäule.

## 'Tiffen Mennonite'

**Frucht:** pink-rot, bis 400 g, teilweise unregelmäßig geformt
**Geschmack:** vollendet ausgewogenes Zucker-Säure-Verhältnis, fruchtig
**Pflanze:** mittelhoch wachsend, bis 150 cm, relativ robust
**Ertrag:** 5 bis 7 Blütenstände mit bis zu 8 Blüten, mittelspät
**Verwendung:** Salat, Concassée, Saft, Brotbelag
**Standort:** Gewächshaus, bedingt auch Freiland
**Historie:** Wie der Name schon sagt, handelt es sich um eine historische Sorte der Mennoniten mit einem wunderbaren Aroma. Sie ist eine meiner ältesten Lieblingssorten.

Rundtomate

## 'Tigerella'

**Frucht:** rot mit gelben und goldfarbenen Streifen, bis 60 g
**Geschmack:** würzig-aromatisch mit milder Säure
**Pflanze:** hoch wachsend, bis 200 cm, mehrtriebig ziehen
**Ertrag:** bis zu 12 verzweigte Blütenstände mit bis zu 15 Blüten, früh bis zum Frost
**Verwendung:** Naschfrucht, Salat
**Standort:** Gewächshaus, Freiland mit Regenschutz
**Historie:** ´Tigerella` ist eine kommerzielle, historische Sorte aus England. Sie ist aus ´Ailsa Craig` hervorgegangen, eine Schönheit mit lang anhaltendem Ertrag, auch in windiger Lage.

Rundtomate

## 'Tommy Toe'

**Frucht:** rot, bis 50 g
**Geschmack:** klassisch tomatig mit einer fruchtigen Note
**Pflanze:** sehr hoch wachsend, bis 220 cm, kräftig belaubt, unempfindlich
**Ertrag:** bis zu 15 Blütenstände mit bis zu 12 Blüten, mittelfrüh
**Verwendung:** Naschfrucht, Salat, Sauce
**Standort:** Gewächshaus, Freiland
**Historie:** ´Tommy Toe` ist eine sehr gefragte Tomate in Australien. Sie stammt wohl auch von diesem Kontinent, obwohl sie anderen Quellen zufolge eine amerikanische Sorte sein soll.

## 'Tonnelet'

**Frucht:** walzenförmig, rot-gelb gestreift, feste Schale, bis 80 g
**Geschmack:** delikates Tomatenaroma, kaum Saft
**Pflanze:** sehr hoch wachsend, bis 200 cm, mittlere Belaubung
**Ertrag:** 7 bis 8 Blütenstände mit 7 bis 8 Blüten, mittelfrüh bis spät
**Verwendung:** Frischverzehr, Ketchup, Salat, Trocknen
**Standort:** Gewächshaus, überdachtes Freiland
**Historie:** Luc Fichot aus Belgien ist der Züchter dieser wunderschönen, neuen Sorte.

## 'Veni Vidi Vici'

**Frucht:** rot, bis 50 g, platzfest
**Geschmack:** erfrischend süß-säuerlich, aromatisch
**Pflanze:** mittelhoch wachsend, bis 150 cm, schlanker Wuchs, robust
**Ertrag:** 6 bis 9 verzweigte Blütenstände mit bis zu 12 Blüten, früh bis spät
**Verwendung:** Salat, Direktverzehr
**Standort:** Gewächshaus, Terrasse, Kübel
**Historie:** ´Veni Vidi Vici` ist eine historische Tomate aus Deutschland. Sie wurde von der Erfurter Firma Ernst Benary eingeführt.

Rundtomate

## 'Yellow Striped Boar'

**Frucht:** gelb-orange-rot geflammt, bis 100 g, teilweise eiförmig
**Geschmack:** delikat würzig-aromatisch mit feiner Süße
**Pflanze:** hoch wachsend, bis 200 cm, gesundes Wachstum
**Ertrag:** 8 bis 12 Blütenstände mit 7 bis 10 Blüten, mittelfrüh
**Verwendung:** Frischverzehr, Salat, Gemüse
**Standort:** Gewächshaus, Freiland
**Historie:** Entwickelt wurde diese Sorte von Brad Gates auf Wild Boar Farms. Sie zeigt eine wunderschön wechselnde Färbung bei der Reifung.

Rundtomate

## 'Yellow Vernissage'

**Frucht:** gelb mit helleren Streifen, bis 80 g, weich
**Geschmack:** süß-würzig-aromatisch, saftig
**Pflanze:** unbegrenzt wachsend, bis 220 cm
**Ertrag:** 12 bis 15 Blütenstände mit 8 bis 12 Blüten, mittelfrüh bis zum Frost
**Verwendung:** Naschfrucht, Salat
**Standort:** Gewächshaus, geschütztes Freiland
**Historie:** Ein Meisterstück von Ruslan Dochov aus der Ukraine ist ´Yellow Vernissage` geworden, nicht so mild wie andere gelbe Sorten und ein wunderschöner Massenträger.

## 'Yellow With Red Stripes Inside'

Fleischtomate

**Frucht:** gelb, rot gesternt, bis 550 g
**Geschmack:** süß-fruchtig, feines Aroma, saftig
**Pflanze:** hoch wachsend, bis 200 cm, gesundes Wachstum
**Ertrag:** 6 bis 8 Blütenstände mit 6 bis 9 Blüten, mittelfrüh bis spät
**Verwendung:** Frischverzehr, Concassée, Salat
**Standort:** Gewächshaus, Freiland
**Historie:** Diese vorzügliche Obsttomate ist überraschend krautfäuleresistent. Sie stammt aus den USA.

## 'Yellow Zebra'

Fleischtomate

**Frucht:** gelb mit orangen Streifen, bis 250 g
**Geschmack:** ansprechend fein-aromatisch mit Süße
**Pflanze:** hoch wachsend, bis 180 cm, kräftiges Wachstum
**Ertrag:** 5 bis 7 Blütenstände mit 7 bis 9 Blüten, früh bis spät
**Verwendung:** Frischverzehr, Concassée, Salat, Gemüse
**Standort:** Gewächshaus so gut wie Freiland
**Historie:** Die hübsche Zebra-Tomate ist eine Neuzucht aus den USA mit guter Krautfäuleresistenz.

# 'You Go'

**Frucht:** dickbauchig, pinkrot, bis 130 g, dünnhäutig
**Geschmack:** überzeugend fruchtig-würzig, angenehme Säure
**Pflanze:** unbegrenzt wachsend, bis 250 cm, wenig krankheitsanfällig
**Ertrag:** bis zu 12 Blütenstände mit bis zu 12 Blüten, mittelfrüh bis zum Frost
**Verwendung:** Salat, Sauce, Mark, Frischverzehr
**Standort:** Gewächshaus, Freiland
**Historie:** ´You Go` stammt aus Südafrika. Sie ist saftiger und aromatischer als andere Flaschentomaten und eine sehr reich tragende Rarität.

## 'Zapotec Pleated'

**Frucht:** rosa-rot, bis 250 g, tief gefurcht
**Geschmack:** kräftig würzig, in der Vollreife etwas mehlig
**Pflanze:** mittelhoch wachsend, bis 160 cm, wärmeliebend
**Ertrag:** 5 bis 8 Blütenstände mit 8 bis 10 Blüten, mittelspät
**Verwendung:** Gemüse, Frischverzehr, zum Füllen geeignet, Garniersorte
**Standort:** Gewächshaus, geschütztes Freiland
**Historie:** Von den Zapotec-Indianern Mexikos stammt diese historische Sorte. Mit ihrer gefurchten Form ist sie ein außergewöhnlicher Hingucker im Gemüsebeet.

## 'Zehen Reisetomate'

**Frucht:** rot, bis 200 g, stark gefurcht
**Geschmack:** fein balanciert würzig-aromatisch
**Pflanze:** hoch wachsend, bis 200 cm, empfindlich bei Kälte
**Ertrag:** 6 bis 7 Blütenstände mit 5 bis 8 Blüten, mittelspät
**Verwendung:** Frischverzehr, Sauce
**Standort:** Gewächshaus, geschütztes Freiland
**Historie:** Hierbei handelt es sich um eine der ungewöhnlichsten Tomaten , die ursprünglich aus Guatemala stammt. Sie ist kreuzungsgefährdet, setzt bei kalter Witterung keine Früchte an und lässt sich auseinanderbrechen, ohne dass Saft ausläuft.

## 'Zuckertraube Grün'

**Frucht:** gelbgrün, bis 20 g, knackig
**Geschmack:** fruchtig-aromatisch mit Zuckerdominanz, saftig
**Pflanze:** hoch wachsend, bis 200 cm, kräftig belaubt, kann mehrtriebig gezogen werden
**Ertrag:** bis zu15 verzweigte Blütenstände mit 15 bis 20 Blüten, mittelfrüh bis zum Frost
**Verwendung:** Naschfrucht, Salat, Garniersorte, Trocknen zu Rosinen
**Standort:** Gewächshaus, geschütztes Freiland
**Historie:** Der Zufallssämling aus Deutschland ist sensationell süß für eine grüne Sorte.

▲ **Im Balkonkasten vor der Hauswand ist ebenfalls eine reiche Ernte möglich.**

# Tomaten auf Balkon und Terrasse

## Die Rückkehr der Gärten in die Stadt

Nach Hochrechnungen werden im Jahr 2025 etwa 58% der Weltbevölkerung in städtischen Strukturen leben und es wird angenommen, dass sich dieser Trend weiter fortsetzt. Im Jahre 2050 werden 4 von 5 Menschen in Städten leben. 40 Megacities wird es dann geben mit mehr als 20 Millionen Einwohnern.

Wenn man Nachhaltigkeit und Umweltschutz in Betracht zieht, ergibt sich daraus eine zunehmende Problematik der

Versorgung in der Stadt. Hier könnte die Rückkehr der urbanen Landwirtschaft einen Beitrag leisten.
Obwohl immer mehr Menschen immer weniger mit der Nahrungsmittelproduktion zu tun haben, ist es noch gar nicht so lange her, dass vor allem junge Menschen begannen, das distanzierte Verhältnis von Stadt und Landwirtschaft zu überdenken.

Begriffe wie *Urban Gardening , Urban Farming , Skyfarming, Gemeinschaftsgarten, Stadtteilgarten, Nachbarschaftsgarten, interkultureller Garten* sind Ansätze, die Landwirtschaft in die Stadt zurückzuholen.
Dabei spielen nicht nur Dinge wie die Lust am Gärtnern mit Kindern, Freunden, Nachbarn oder Gleichgesinnten eine Rolle, sondern ebenso auch die Motivation, städtische Räume mit zu gestalten und Städte wieder lebenswerter zu machen. Es geht darum, der Natur in der Stadt wieder mehr Raum zu verschaffen, das Stadtklima zu verbessern, neue Lebensformen zu erproben, ökologischer zu handeln, Ernährung für Kinder erfahrbar zu machen und letztendlich auch um nachhaltige Freiraumnutzung und Ernährungsplanung.

**▼ Dieses Kapitel soll Ihnen helfen, die richtigen Sorten für die Kultur in Töpfen auszuwählen, um auch auf dem Balkon oder der Terrasse nicht auf die geliebten Tomaten aus eigener Ernte verzichten zu müssen.**

**▲ Prachtvolle und gesunde Pflanzen entwickeln sich auch in Kübeln. Sicherlich kommt ihnen an diesem Standort die geschützte Lage an der Hauswand und unter einem Vordach zugute.**
**In solch großen Kübeln können auch wüchsigere Sorten erfolgreich angebaut werden, denen man eine reiche Ernte nur ausgepflanzt im Freiland oder im Gewächshaus zugetraut hätte.**

Beispiele hierfür gibt es schon seit den 70iger Jahren. Urbanes Gärtnern in New York, unterstützt vom städtischen Büro „Green Thumb“, Hunderte von Minifarmen in der ehemaligen Autostadt Detroit, „Prinzessinnengarten“ und viele weitere interkulturelle Gärten in Berlin und vielen anderen Städten, die essbare Stadt Andernach und Todmorden, Capital Growth in London, Main Verte in Paris, „gemeinsam garteln“ in Wien, Bosco Verticale in Mailand, Skyfarming in Tokio, Dachgärten in Kairo, Sackgärten in Kibera, die Liste lässt sich noch weiter fortsetzen.

Städte sind nicht weiterhin nur Konsumenten, sondern sollten in Zukunft auf Anraten des Welternährungsprogramms der Vereinten Nationen einen Teil ihrer Nahrung selber produzieren. Urbane Landwirtschaft hat etwas mit zukünftiger Stadtentwicklung zu tun. Es geht hier nicht nur um den ökonomischen Aspekt, die Produktion von Lebensmitteln, sondern vor allem auch um das (interkulturelle) Miteinander.

So ganz nebenbei kann der Stadtgärtner auch noch einen Beitrag leisten zur Erhaltung der Biodiversität, denn ihm sitzt nicht der Profit im Nacken. Er kann unter einer Vielzahl von Tomatensorten auswählen, die nicht auf Haltbarkeit und

Transportfähigkeit gezüchtet wurden, die nicht alle gleichzeitig erntereif sein müssen und die erntefrisch auf den Teller kommen dürfen.
Im folgenden Kapitel möchte ich Tomatensorten vorstellen, die auch im Pflanzkübel eine ansehnliche Ernte versprechen, die also für Balkon, Terrasse, Dachgarten und andere kleine Räume besonders geeignet sind. Sie sind determiniert, d.h. ihr Wachstum ist begrenzt. Es gibt sie in verschiedenen Höhen beginnend bei 20 cm. Ihre Entstehung kann in der Evolutionsgeschichte schon weit zurückliegen, sie können aber auch das Ergebnis von Neuzüchtungen sein.

Ich weise an dieser Stelle auf die Literaturliste am Ende des Buches hin zum Thema: Wer macht in Zukunft die Stadt satt?

**◄▲ Der neue Trend der vertikalen Gärten kann eine platzsparende Alternative sein, um beispielsweise eine Wand mit Tomaten bewachsen zu lassen.**

▲ **Ausgediente Europaletten sind zu einem angesagten Designelement in den Gärten geworden. Sie eignen sich gleichermaßen als Bauelemente für Sitzgruppen oder wie hier im Zusammenspiel mit Holzkisten zu einem Terrassengarten. Lassen Sie Ihrer Kreativität freien Lauf und gestalten Sie Ihr Gartenparadies auf kleinstem Raum.**

# Den Zwergtomaten auf der Spur

Könnte der Stadtgärtner eine Tomatenpflanze kaufen, die ganz nach seinen Vorstellungen designed wurde, sähe diese vermutlich folgendermaßen aus:

- Kompaktes und begrenztes Wachstum, damit keine Stütze erforderlich ist und die lästigen Seitentriebe entfallen.
- Es sollten neben Cocktailtomaten auch großfruchtige Sorten angeboten werden, damit man mit der Ernte etwas anfangen kann.
- Der Geschmack sollte den Tomaten aus „alten Zeiten" so nahe wie möglich kommen, denn nur dafür lohnt es sich überhaupt, eigenen Anbau zu betreiben.
- Es dürfen viele verschiedene Farben im Angebot sein, denn das Auge isst mit.

Genau diese Gedanken gingen dem Amerikaner Craig Le Houllier Anfang dieses Jahrtausends ebenfalls durch den Kopf, und so rief er 2005 das „Dwarf Tomato Project" ins Leben. Zusammen mit den Australiern Patrina Nuske Small und Ray South werden weltweit Unterstützer gesucht, die aus großfruchtigen Sorten mit exzellentem Geschmack und kleinwüchsigen durch Kreuzung sogenannte Dwarf-Tomaten züchten.
Der Vorteil der amerikanisch-australischen Verbrüderung liegt auf der Hand: Halbierung der Selektionszeit, da zwei Tomaten-Generationen pro Jahr möglich sind (Nordhalbkugel-Südhalbkugel), vorausgesetzt der Samen umgeht die strengen Einfuhrbestimmungen der jeweiligen Behörden.
Das Projekt ist noch lange nicht abgeschlossen.
Es werden weitere Züchter gesucht!

Craig LeHoullier ist Autor des Standard-Buches über Tomaten: „Epic Tomatoes"

**▲ Ein weiterer neuer Trend lässt die Tomaten kopfüber wachsen. Auf diese Art und Weise können sogar mit Hilfe von gespannten Halteschnüren Rund- und Eiertomaten auf kleinem Raum geerntet werden.**

**◄ Viele kleinfruchtige Sorten lassen sich, wie in diesem Fall die ´Small Egg`, mit gutem Erfolg als Hängepflanze kultivieren.**

**▲► Für determinierte Sorten reichen kleine Gefäße von 3 bis 5 l aus. Wüchsigere Sorten verdunsten über die größere Blattmasse deutlich mehr Wasser und würden in kleineren Töpfen zu schnell austrocknen.**
**Mit dem Gießwasser sind regelmäßige Düngergaben notwendig, da die Mineralstoffe in der geringen Menge Substrat schnell verbraucht sind.**

# Kultur in Pflanzgefäßen

Die Aufzucht im Pflanzgefäß ist für viele Hobbygärtner die einzige Möglichkeit, eigenes Gemüse anzubauen. Diese Methode birgt aber auch einige Vorteile. Die Pflanzen können im zeitigen Frühjahr z.B. bei Kälteeinbrüchen schnell wieder ins Haus geholt werden und sie können zur Not, falls keine Überdachung existiert, wenigstens vorübergehend vor Regen geschützt werden. Temperaturen von weniger als 15°C stören nämlich den Stoffwechsel und hemmen das Wachstum.

Sinnvoll sind Kübel oder große Töpfe mit mindestens 10 l Fassungsvermögen für die mittelhoch und kompakt wachsenden Sorten. Für niedrig wachsende Tomaten bis 30 oder 40 cm reichen auch Balkonkästen oder kleine Gefäße von 3 bis 5 l. Da die Mineralstoffe des Pflanzsubstrats mehr oder weniger schnell aufgebraucht sind (Tomaten sind Starkzehrer), muss dem Gießwasser regelmäßig Flüssigdünger beigemischt werden. Hier richtet man sich nach den Angaben des jeweiligen Herstellers.

Entgegen meinen Vorschlägen, im Freiland so gut wie nicht zu gießen, gilt dies für die Topfkultur keineswegs. Hier muss besonders sorgfältig gegossen werden, vor allem wenn man sich für Tontöpfe entscheidet, die eine bessere Belüftung an den Wurzeln ermöglichen, aber auch mehr Wasser verdunsten.

Staunässe ist unbedingt zu vermeiden, das überschüssige Wasser muss ablaufen können. Eine Möglichkeit besteht darin, vor dem Einfüllen des Substrats den Boden des Pflanzgefäßes mit grobem Kies oder Tonscherben abzudecken.

Die höher wachsenden Tomatensorten benötigen eine Stütze. Spiralstäbe sind oft zu schwer und kippeln im Topf, so dass möglicherweise auf Holz- oder Bambusstöcke zurückgegriffen werden muss. Diese sollten wegen der Überlebensstrategie von Krankheitserregern im Holz jedes Jahr ausgetauscht werden. Kompakt wachsende Sorten kommen in der Regel ohne Stütze aus.

**◄▲Die Größe der Pflanzgefäße richtet sich vor allem nach der Höhe der Tomatenpflanzen. Selbst Balkonkästen können für kompakt wachsende Sorten geeignet sein.**

Wildtomate

## 'Allerkleinst'

**Frucht:** sehr klein, rot, platzfest, bis 2 g
**Geschmack:** verdichtet süß-würzig, manchmal auch überwiegend herb
**Pflanze:** hoch wachsend, bis 200 cm, schlanker Wuchs, nicht entgeizen
**Ertrag:** zahlreiche Blütenstände mit 9 bis 12 Blüten, mittelfrüh
**Verwendung:** Naschfrucht, Salat, zu Rosinen trocknen
**Standort:** Gewächshaus, Freiland, Terrasse, Kübel
**Historie:** Aus Südamerika stammend zeichnet sich ´Allerkleinst` durch ein typisches Wildtomatenaroma aus und entwickelt Massen von winzigen Früchten.

Cocktail-/Rundtomate

## 'Angora Super Sweet'

**Frucht:** rot, leicht behaart, bis 50 g, dünnschalig
**Geschmack:** obstartig süß, saftig
**Pflanze:** hoch wachsend, bis 250 cm, alle Pflanzenteile behaart, dunkles Blatt
**Ertrag:** 10 bis 12 verzweigte Blütenstände mit bis zu 15 Blüten, früh
**Verwendung:** Naschfrucht, Salat
**Standort:** Gewächshaus, geschütztes Freiland, Kübel
**Historie:** ´Angora Super Sweet` ist ausgesprochen platzfest. Sie wurde von Joe Bratka gezüchtet und ist eine Rarität.

## 'Anmore Treasures'

**Frucht:** pink-rot, rund-oval mit Spitze
**Geschmack:** würzig-aromatisch mit Zuckeranteil
**Pflanze:** bis 50 cm, leicht belaubt, nicht entgeizen, wenig anbinden
**Ertrag:** 8-10 verzweigte Blütenstände mit 10-15 Blüten, früh reifend, bis 10 g
**Verwendung:** Salat, Direktverzehr, Trocknen
**Standort:** geschützter Anbau, aber auch Freiland möglich, Kübel
**Historie:** Diese Balkontomate zeichnet sich durch einen hohen Ertrag aus. Sie stammt aus Kanada und wurde auf frühe Ernte gezüchtet.

## 'Antho Weiß'

**Frucht:** cremeweiß, violett überlaufen und gesprenkelt, saftig, Erntestern
**Geschmack:** konzentriertes Aroma mit Zuckerdominanz
**Pflanze:** hoch wachsend, bis 200 cm, Pflanzenteile dunkelgrün, wenig verzweigend, mehrtriebig ziehen, entgeizen
**Ertrag:** 20 Blütenstände teilweise verzweigt mit 8-15 Blüten, bis 10 g, mittelfrüh
**Verwendung:** Salat, Naschfrucht, Dekoration
**Standort:** Freiland mit Überdachung, Kübel
**Historie:** Diese wunderschöne und leckere Kreuzung zwischen ´Bianca` und ´Blue OSU` von R. Kraft ist bei mir seit 3 Jahren stabil.

Rundtomate

## 'Auriga'

**Frucht:** orange, manchmal leicht oval, saftarm, dickfleischig, platzfest, bis 70 g
**Geschmack:** ansprechend mild-fruchtig-süß, sämig
**Pflanze:** halb determiniert, 150 cm, schwach belaubt, etwas entgeizen, mehrtriebig ziehen
**Ertrag:** 7-8 Blütenstände mit 10-12 Blüten, mittelfrüh
**Verwendung:** Frischverzehr, Trocknen, Salat, Brotauflage
**Standort:** geschützter Anbau, aber auch Freiland, Kübel, Terrasse
**Historie:** Diese ostdeutsche Züchtung ist widerstandsfähig, die Pflanzen sind lange gesund. Die Haut der Früchte ist leicht abziehbar.

Rundtomate

## 'Aurora'

**Frucht:** rot, weich, platzfest, bis 100 g
**Geschmack:** mild-aromatisch mit feiner Säure, saftig
**Pflanze:** bis 80 cm, determiniert wachsend, kältetolerant, Stütze erforderlich
**Ertrag:** 8 verzweigte Blütenstände mit 10 bis 12 Blüten, früh
**Verwendung:** Salat, Frischverzehr, Gemüse
**Standort:** Gewächshaus, Freiland, Kübel
**Historie**: Diese Sorte wurde nach dem Polarlicht „Aurora Borealis“ benannt und stammt aus Russland.

## 'Aztek'

**Frucht:** gelb, teilweise mit Spitze, platzfest, bis 15 g
**Geschmack:** mild-aromatisch mit Süße
**Pflanze:** bis 40 cm, kommt ohne Stütze aus, nicht entgeizen
**Ertrag:** viele Blütenstände mit 8-10 Blüten, früher Erntebeginn
**Verwendung:** Naschfrucht, Salat, Garniersorte
**Standort:** überdachtes Freiland, Kübel
**Historie:** Diese aus Tschechien stammende Topftomate zeichnet sich durch hohen Ertrag aus.

Wildtomate

## 'Blaue Wildtomate'

**Frucht:** sehr klein, grünblau, dunkle Streifen
**Geschmack:** sehr eigenwilliges rauchig-herbes Aroma
**Pflanze:** hoch und unbegrenzt wachsend, außergewöhnliches Blatt, kaum zu bändigen
**Ertrag:** Massen von Früchten an kleinen Blütenständen, sehr spät
**Verwendung:** Zierpflanze
**Standort:** Freiland, großer Kübel
**Historie:** Überraschend ist das Meer von Blüten dieser außergewöhnlichen Wildtomate, die nur essbare Früchte in sehr warmen Sommern produziert. Sie hat einen riesigen Platzbedarf und ihre Früchte weisen einen hohen Anthocyangehalt auf.

Cocktailtomate

## 'Bonsai'

**Frucht:** rubinrot, oval mit stumpfer Spitze, feste Schale, bis 20 g
**Geschmack:** würzig-herb, wenig Süße, saftig
**Pflanze:** sehr kompakt, bis 30 cm, kommt ohne Stütze aus
**Ertrag:** 9 bis 12 Blütenstände mit 8 bis 12 Blüten, früh bis mittelspät
**Verwendung:** Naschfrucht, Salat
**Standort:** geschützter Anbau, aber auch regenverträglich, Kübel, Balkonkasten
**Historie:** ´Bonsai` ist eine der kompaktesten, niedrig wachsenden Sorten, die dicht mit Früchten behangen ist.

## 'Charlie Chaplin'

Beuteltomate

**Frucht:** rot, stark gerippt, bis 200 g, teilweise hohl, kernarm
**Geschmack:** fein-würzig, wenig Zucker
**Pflanze:** mittelhoch wachsend, bis 150 cm, Stütze erforderlich
**Ertrag:** 6 bis 8 Blütenstände mit 4 bis 6 Blüten
**Verwendung:** Salat, Sauce, Gemüse, Füllen
**Standort:** Gewächshaus, durchaus auch Freiland, Kübel
**Historie:** Die Herkunft der 'Charlie Chaplin' wird teilweise mit Frankreich, teilweise mit Kanada angegeben. Sie ist ziemlich kältetolerant.

## 'Ciliegia Nano'

Cocktailtomate

**Frucht:** rot, bis 20 g, platzfest
**Geschmack:** aromatisch-süß, mild-würzig
**Pflanze:** mittelhoch wachsend, bis 150 cm, gesunde Pflanze, mehrtriebig ziehen
**Ertrag:** viele Blütenstände mit bis zu 15 Blüten, Ernte bis zum Frost
**Verwendung:** Naschfrucht, Salat, Garniersorte
**Standort:** Gewächshaus, Freiland, Kübel
**Historie:** ´Ciliegia Nano` ist ein phantastischer Massenträger aus Italien und die ideale Kindernaschfrucht.

## 'Cookie'

**Frucht:** kleine Pflaume, grün-rot, bis 30 g, feste Schale
**Geschmack:** fein balanciert aromatisch mit schwacher Säuredominanz
**Pflanze:** mittelhoch wachsend, bis 150 cm, dunkles Laub, Kartoffelblatt, robust, mittelfrüh
**Ertrag:** 18 bis 20 verzweigte Blütenstände mit bis zu 20 Blüten, Massenträger
**Verwendung:** Naschfrucht, Garniersorte, Trocknen
**Standort:** Gewächshaus, Freiland, Kübel
**Historie:** ´Cookie` ist eine Delikatesse, optisch ein Highlight mit guter Lagerfähigkeit.

## 'Curley Kaley'

**Frucht:** pflaumenförmig, rot, bis 5 g, samenarm
**Geschmack:** knackig erfrischend
**Pflanze:** kompakt wachsend, bis 40 cm, nicht entgeizen, Blätter gekräuselt, robust, Stütze nicht erforderlich
**Ertrag:** 4 bis 5 Blütenstände mit 6 bis 8 Blüten, mäßiger Ertrag
**Verwendung:** Garniersorte, Naschfrucht, Zierpflanze
**Standort:** Anbau im Kübel oder Topf sogar im Freiland möglich
**Historie:** Diese Liebhabersorte zeichnet sich durch ein sehr originelles Aussehen ähnlich Rosenkohl aus und hat wenig Platzbedarf.

Rundtomate

## 'Delicia Jana Dulcia'

**Frucht:** Rundtomate, gelb bis orange-gelb, bis 80 g, saftig
**Geschmack:** ansprechend mild-aromatisch mit Süße
**Pflanze:** niedrig wachsend, bis 60 cm, Stütze erforderlich
**Ertrag:** 8 bis 9 Blütenstände mit 5 bis 8 Blüten, früher Erntebeginn bis mittelspät
**Verwendung:** Salat, Concassée, Brotbelag
**Standort:** Kübel, Terrasse, auch Freiland möglich
**Historie:** Diese Balkontomate aus Tschechien fällt vor allem durch eine reiche Ernte auf.

Fleischtomate

## 'Dwarf Arctic Rose'

**Frucht:** flachrund, pinkrot, bis 200 g, verschieden große Früchte
**Geschmack:** aromatisch mit Säuredominanz, saftig
**Pflanze:** Zwergwuchs, 50 bis 70 cm, zarte Pflanze, wenig verzweigend
**Ertrag:** 4-5 Blütenstände mit 5-6 Blüten, früher Erntebeginn
**Verwendung:** Concassé, Salat, Direktverzehr
**Standort:** geschützter Balkon, überdachte Terrasse, Kübel
**Historie:** Diese Sorte aus dem Dwarf-Tomatenprojekt eignet sich vor allem für Gegenden mit kurzer Vegetationsperiode. Bei Vollreife werden die Früchte etwas mehlig.

## 'Dwarf Pink Passion'

Ochsenherztomate

**Frucht:** pink-rosa, bis 150 g
**Geschmack:** mild-aromatisch mit Zuckeranteil, sämiges Fruchtfleisch
**Pflanze:** Zwergwuchs, bis 80 cm, mittlere Verzweigung
**Ertrag:** 5 bis 6 Blütenstände mit 5 bis 6 Blüten, mittlerer Ertrag, mittelfrüh
**Verwendung:** Salat, Direktverzehr, Garniersorte
**Standort:** überdachte Terrasse oder Balkon
**Historie:** ´Pink Passion` ist eine wunderschöne, seltene Ochsenherzsorte aus dem Dwarf-Tomatenprojekt.

## 'Dwarf Purple Heart'

Ochsenherztomate

**Frucht:** purpur-schwarz, bis 350 g, dünnschalig
**Geschmack:** delikat würzig-aromatisch, sämiges Fruchtfleisch
**Pflanze:** Zwergwuchs, bis 100 cm, mittlere Verzweigung, gesundes Wachstum
**Ertrag:** 10 bis 12 Blütenstände mit 10 bis 12 Blüten, früh
**Verwendung:** Salat, Gemüse, Brotbelag, Concassée
**Standort:** geschützt, aber auch ungeschützter Standort, Balkon, Terrasse
**Historie:** Diese außergewöhnliche Ochsenherztomate aus dem Dwarf-Tomatenprojekt überrascht mit einem immens hohen Ertrag.

Fleischtomate

## 'Dwarf Wild Spudleaf'

**Frucht:** dunkelpink, bis 250 g
**Geschmack:** überraschend süß, aber auch würzig-aromatisch
**Pflanze:** Zwergwuchs, bis 100 cm, kräftig und gesund wachsend, Kartoffelblatt
**Ertrag:** 9 bis 10 Blütenstände mit 6 bis 7 Blüten, früher Erntebeginn
**Verwendung:** Saft, Concassée, Brotbelag
**Standort:** Balkon und Terrasse mit und ohne Regenschutz
**Historie:** Diese Sorte aus dem Dwarf-Tomatenprojekt ist ausgesprochen ertragreich und lecker.

Rundtomate

## 'Eros von Milan Sosomka'

**Frucht:** tiefrot, bis 30 g
**Geschmack:** ausgewogen aromatisch, klassisch tomatig
**Pflanze:** niedrig wachsend, bis 50 cm, robust und widerstandsfähig, Stütze erforderlich
**Ertrag:** 7 bis 8 Blütenstände mit 5 bis 8 Blüten, früher Erntebeginn
**Verwendung:** Naschfrucht, Sauce, Salat
**Standort:** Balkon und Terrasse, Kübel, Freiland
**Historie:** Diese in Ostdeutschland häufig angebaute Freilandsorte stammt vom Züchter Milan Sosomka aus Tschechien.

## 'Extreme Bush'

Fleischtomate

**Frucht:** rot, bis 100 g, feste Schale, unterschiedlich große Früchte
**Geschmack:** würzig mit typischem Tomatenaroma
**Pflanze:** determiniert wachsend, bis 70 cm, kartoffelblättrig, Stütze erforderlich, nicht entgeizen
**Ertrag:** 7 bis 10 verzweigte Blütenstände mit 5 bis 8 Blüten, früher Erntebeginn
**Verwendung:** Salat, Sauce, Gemüse
**Standort:** Gewächshaus, geschützter Standort auf der Terrasse, Kübel
**Historie:** Diese bereits 1958 im Samenkatalog von Gleckler als German Tomato bezeichnete Balkonsorte fällt vor allem durch einen hohen Ertrag auf.

## 'Florida Petit'

Cocktail-/Rundtomate

**Frucht:** rot, teilweise mit Spitze, unterschiedliche Größen, bis 30 g, saftig
**Geschmack:** aromatisch und tomatig mit verhaltener Süße
**Pflanze:** determiniert, bis 50 cm, zarte Pflanze, nicht entgeizen, Stütze erforderlich, früher Erntebeginn
**Ertrag:** 6 bis 7 Blütenstände mit 5 bis 6 Blüten, früh
**Verwendung:** Frischverzehr, Sauce
**Standort:** ideale Balkontomate, Kübel mit Regenschutz
**Historie:** Diese „Microdwarf-Tomate“ wurde an der University of Florida um 1980 gezüchtet.

Cocktailtomate

## 'Gold Nugget'

**Frucht:** goldgelb, oval, bis 10 g, kernarm
**Geschmack:** obstartig süß-fruchtig, saftig
**Pflanze:** niedrig und buschig wachsend, bis 60 cm, kaum entgeizen, Stütze erforderlich
**Ertrag:** viele Blütenstände mit bis zu 15 Blüten, früh
**Verwendung:** Kindernaschfrucht, Salat, Garniersorte
**Standort:** Gewächshaus, Terrasse, Kübel, Ampel
**Historie:** ´Gold Nugget` wurde von Dr. James Baggett an der Universität von Oregon entwickelt. Sie ist ein leckerer Massenträger.

Cocktailtomate

## 'Green Doctor's'

**Frucht:** grün, bis 10 g, weich, dünne Schale, nicht ganz platzfest
**Geschmack:** süß-würzig-fruchtig, saftig, knackig
**Pflanze:** hoch wachsend, bis 200 cm, mittlere Verzweigung, entgeizen, Stütze erforderlich
**Ertrag:** viele Blütenstände mit bis zu 18 Blüten, Massenträger bis zum Frost
**Verwendung:** Naschfrucht, Salat, Garniersorte, Rosinen
**Standort:** Gewächshaus, aber auch Freiland, Kübel
**Historie:** Zufällig entstand diese Sorte bei Dr. C. Male (Tomatenbuchautorin/USA) aus einer cremegelben Kirschtomate.

## 'Green Grapes'

**Frucht:** grün-gelb, traubenförmig, bis 30 g, dünne Schale
**Geschmack:** obstartig aromatisch mit deutlichem Zuckeranteil, saftig
**Pflanze:** niedrig wachsend, bis 120 cm, Stütze erforderlich, wenig entgeizen
**Ertrag:** 10 bis 12 verzweigte Blütenstände mit bis zu 10 Blüten
**Verwendung:** Naschfrucht, Salat, Tomatenrosinen
**Standort:** Gewächshaus, Freiland, Terrasse, Kübel
**Historie:** Bei ´Green Grapes` handelt es sich um eine Züchtung von Tater Mater Seeds (T. Wagner) zwischen ´Evergreen` und ´Yellow Pear`. Es entstand eine der besten grünen Sorten überhaupt.

## 'Green Sausage'

**Frucht:** grün-gelb gestreift, walzenförmig, bis 60 g, feste Schale
**Geschmack:** mild-säuerlich, kaum Saft
**Pflanze:** niedrig und determiniert wachsend, bis 80 cm, mehrtriebig ziehen, Stütze erforderlich
**Ertrag:** 5 Blütenstände mit 6 bis 8 Blüten, mittelfrüh bis spät
**Verwendung:** Frischverzehr, Gemüse, lagerfähig
**Standort:** Gewächshaus, Terrasse, Kübel
**Historie:** Diese Longlife-Tomate eignet sich zusammen mit Gurken vor allem zum süß-sauren Einlegen.

## 'Haselhuhn'

**Frucht:** gelb-rot gestreift, bis 200 g
**Geschmack:** angenehm würzig, feste Schale, vollfleischig
**Pflanze:** kompakt wachsend, bis 120 cm, kaum entgeizen, Stütze erforderlich
**Ertrag:** 8 Blütenstände mit 5 bis 6 Blüten, mittelfrüh
**Verwendung:** Direktverzehr, Zierpflanze
**Standort:** Gewächshaus, Kübel mit Überdachung
**Historie:** ´Haselhuhn` ist eine wunderschöne Kübelpflanze mit Früchten, die bei der Reifung ein tolles Farbspiel zeigen.

Wildtomate

## 'Hawaiian'

**Frucht:** rot, bis 5 g
**Geschmack:** konzentriert süß-würzig, knackig
**Pflanze:** mittelhoch wachsend, bis 150 cm, zarte Pflanze, nicht entgeizen, mittlere Pilzresistenz
**Ertrag:** bis zu 30 Blütenstände mit bis zu 20 Blüten
**Verwendung:** Naschfrucht, Salat, Tomatenrosinen
**Standort:** Gewächshaus, Freiland, Terrasse, Kübel
**Historie:** ´Hawaiian` ist eine noch sehr ursprüngliche Wildsorte mit sehr schönen Kindernaschfrüchten. Sie lässt sich gut im Kübel händeln.

Cocktail-/Wildtomate

## 'Hrosnowe'

**Frucht:** hellgelb, bis 6 g
**Geschmack:** fruchtig-süß-aromatisch
**Pflanze:** niedrig wachsend, bis 80 cm, muss nicht entgeizt werden, gute Pilzresistenz, Stütze erforderlich
**Ertrag:** unzählbar viele verzweigte Blütenstände mit bis zu 30 Blüten, mittelfrüh
**Verwendung:** Naschfrucht, Salat Tomatenrosinen
**Standort:** Freiland, Terrasse, Kübel, Spalier
**Historie:** ´Hrosnowe` ist ein unglaublicher Massenträger, hat die Eigenschaften von Wildtomaten und muss im Kübel sicher im Wachstum begrenzt werden.

## 'Iditarod Red'

**Frucht:** mit kleiner Spitze, rubinrot, bis 50 g, unterschiedliche Größen
**Geschmack:** würzig mit verhaltenem Tomatenaroma, saftig
**Pflanze:** Zwergwuchs, bis 100 cm, mittlere Verzweigung
**Ertrag:** 8 bis 10 Blütenstände mit 6 bis 9 Blüten, mittelfrüh
**Verwendung:** Salat, Sauce, Gemüse, Naschfrucht
**Standort:** Kübel oder Freiland mit Überdachung
**Historie:** Diese Sorte aus dem Dwarf-Tomatenprojekt wurde nach einem Hundeschlittenrennen in Alaska benannt. Sie erzielt verhältnismäßig hohe Erträge.

## 'Indian Redfield'

**Frucht:** dickbauchig, rot, bis 80 g, saftarm, teilweise hohl
**Geschmack:** kaum Säure, wenig Süße
**Pflanze:** niedrig und determiniert wachsend, bis 40 cm, nicht entgeizen, trotz üppiger Verzweigung
**Ertrag:** 6 bis 8 Blütenstände mit 5 bis 7 Blüten, mittelspät
**Verwendung:** reine Saucentomate oder Gemüse
**Standort:** im Gewächshaus und Freiland als Bodendecker, Kübel
**Historie:** Diese Tomate empfehle ich ausschließlich für Pastasauce. Ihr Ertrag ist überaus reichlich.

Flaschentomate

## 'Jelly Bean'

**Frucht:** abgestumpft, rot, bis 150 g, vollfleischig
**Geschmack:** mild-aromatisch, sämiges Fruchtfleisch
**Pflanze:** niedrig wachsend, kaum entgeizen, Stütze erforderlich
**Ertrag:** 8 bis 10 Blütenstände mit 6 bis 8 Blüten, mittelfrüh
**Verwendung:** Sauce, Salat, Frischverzehr, Trocknen
**Standort:** Gewächshaus, Freiland, Kübel, Ampel
**Historie:** Als Bodendecker gepflanzt erzielt diese Sorte hohe Erträge wie auch als Balkontomate. Sie ist lagerfähig.

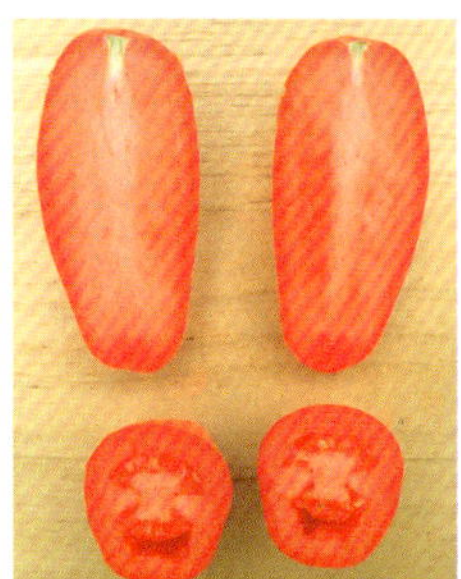

Cocktailtomate

## 'Katinka'

**Frucht:** orange, sehr platzfest, bis 12 g
**Geschmack:** unübertroffen süß und trotzdem tomatig
**Pflanze:** hoch wachsend, bis 180 cm, üppig belaubt, pilztolerant
**Ertrag:** Massen von verzweigten Blütenständen mit bis zu 15 Blüten, früh
**Verwendung:** Naschfrucht, Salat, Garniersorte
**Standort:** Gewächshaus, Freiland, Kübel
**Historie:** ´Katinka` gehört sicher zu den besten Cocktailtomaten und ist mein persönlicher Favorit unter den Cocktailsorten. Herkunft ist wahrscheinlich Russland.

## 'Kremser Perle'

**Frucht:** rot, bis 50 g
**Geschmack:** köstlich süß-würzig- fruchtig,
**Pflanze:** halb determiniert und kompakt wachsend, bis 120 cm, Kartoffelblatt, unempfindlich, nicht entgeizen, Stütze erforderlich
**Ertrag:** 8 bis 10 Blütenstände mit 6 bis 8 Blüten, früher Erntebeginn
**Verwendung:** Naschfrucht, Salat, Sauce
**Standort:** Gewächshaus, Freiland, Kübel
**Historie:** Die ´Kremser Perle` ist eine früh reifende, traditionelle Sorte aus Wachau in Niederösterreich.

## 'Lambada'

**Frucht:** rot mit gelben Punkten, bis 40 g
**Geschmack:** kontrastreich feinwürzig mit reichlich Süße, saftig
**Pflanze:** niedrig wachsend, bis 50 cm, wenig verzweigend, nicht entgeizen, Stütze erforderlich
**Ertrag:** 6 bis 7 etwas verzweigte Blütenstände mit 10 bis 16 Blüten, früh bis mittelspät
**Verwendung:** Direktverzehr, Sauce, Gemüse
**Standort:** Gewächshaus, überdachtes Freiland, Kübel
**Historie:** ´Lambada` stammt aus Brasilien. Ihre Früchte sind platzfest und lagerfähig.

## 'Mühls Mini'

**Frucht:** rot, bis 8 g, knackig
**Geschmack:** verdichteter Tomatengeschmack mit leichter Zuckerdominanz,
**Pflanze:** sehr hoch wachsend, bis 250 cm, lockerer Wuchs, mehrtriebig ziehen
**Ertrag:** Massen von lockeren Blütenständen mit bis zu 50 Blüten, mittelfrüh
**Verwendung:** Naschfrucht, Salat, Tomatenrosinen
**Standort:** Gewächshaus, geschütztes Freiland, bedingt auch im Kübel
**Historie:** Bei ´Mühls Mini` handelt es sich trotz ihrer Wuchshöhe um eine gut händelbare Sorte, ein Rosenbogen wäre auch vorstellbar. Möglicherweise ist diese unglaublich produktive Pflanze noch eine Wildform.

## 'Parvibaccatum'

**Frucht:** eiförmig, gelb, bis 8 g, platzfest
**Geschmack:** erfrischend würzig-fruchtig mit zurückhaltender Süße
**Pflanze:** hoch wachsend und stark verzweigend, bis 220 cm, gute Pilzresistenz, nicht entgeizen
**Ertrag:** bis zu 30 verzweigte Blütenstände mit bis zu 70 Blüten, mittelfrüh
**Verwendung:** Naschfrucht, Garniersorte, Tomatenrosinen
**Standort:** Freiland, Terrasse, großer Kübel
**Historie:** Auf der Terrasse muss diese Wildtomate möglicherweise im Wachstum stark begrenzt werden, ihre Massen von Früchten sind lange am Strauch haltbar.

## 'Pendulina'

**Frucht:** mit kleiner Spitze, gelborange, bis 15 g, feste Schale
**Geschmack:** fein-aromatisch mit dezenter Süße
**Pflanze:** determiniert und buschig wachsend, stark verzweigend, bis 40 cm
**Ertrag:** Massen von Blütenständen mit bis zu 20 Blüten
**Verwendung:** Naschfrucht, Garniersorte
**Standort:** Gewächshaus, Terrasse, Kübel, Ampel
**Historie:** ´Pendulina` ist, wie der Name schon sagt, vor allem als Hängepflanze geeignet und liefert einen unglaublichen Ertrag. Sie stammt aus Italien.

## 'Picolino'

**Frucht:** rot, bis 30 g, platzfest
**Geschmack:** würzig-aromatisch mit Süße
**Pflanze:** mittelhoch wachsend, bis 160 cm, schlanker und kräftiger Wuchs, mehrtriebig ziehen, Stütze erforderlich
**Ertrag:** 12 bis 15 unverzweigte Blütenstände mit 12 bis 16 Blüten, früh
**Verwendung:** Naschfrucht, Salat, Garniersorte
**Standort:** Gewächshaus, Freiland, Kübel
**Historie:** Achtung – Diese Balkonsorte wird im Handel meist als F1-Hybride angeboten.

# 'Pinocchio'

**Frucht:** rot, bis 20 g, platzfest
**Geschmack:** ausgewogen aromatisch mit etwas Säure und Süße
**Pflanze:** kompakt und determiniert, bis 30 cm, kommt ohne Stütze aus, nicht entgeizen, Kartoffelblatt
**Ertrag:** 8 bis 10 verzweigte Blütenstände mit 10 bis 12 Blüten, früh bis spät
**Verwendung:** Naschfrucht, Salat, Trocknen
**Standort:** Gewächshaus, Kübel, Balkonkasten
**Historie:** ´Pinocchio` ist wegen der Wuchshöhe die perfekte Balkon- und Kübelsorte.

## 'Polyarnye'

**Frucht:** leuchtend gelb-orange, bis 20 g
**Geschmack:** obstartig fruchtig, süß-aromatisch
**Pflanze:** determiniert und buschig wachsend, bis 40 cm, Stütze erforderlich
**Ertrag:** 10 bis 12 Blütenstände mit bis zu 12 Blüten, sehr früh
**Verwendung:** Naschfrucht, Garniersorte, Salat
**Standort:** Gewächshaus, Freiland, Terrasse, Kübel
**Historie:** ´Polyarnye` (auch Poljarnje) ist eine russische Sorte aus Murmansk, die man bis 1940 zurückverfolgen kann. Sie ist besonders gut für die Kübelpflanzung geeignet.

## 'Pomodora'

**Frucht:** rot, bis 80 g, saftarm, vollfleischig, kernarm
**Geschmack:** mild-aromatisch, fein balanciert
**Pflanze:** niedrig wachsend, bis 50 cm, nach Bedarf entgeizen
**Ertrag:** 5 bis 7 Blütenstände mit 4 bis 6 Blüten, mittelfrüh
**Verwendung:** Sauce, Salat, Gemüse, Trocknen
**Standort:** Gewächshaus, Terrasse, Kübel
**Historie:** Diese Sorte stammt vermutlich aus Italien. Sie ist eine der seltenen Flaschentomaten für die Kultivierung auf dem Balkon und liefert verhältnismäßig viele Früchte für die Pastasauce.

Rundtomate

## 'Prairie Fire'

**Frucht:** leicht oval, tiefrot, bis 90 g, vollfleischig
**Geschmack:** klassisch tomatig mit Zucker und Säure, saftig
**Pflanze:** niedrig wachsend, bis 50 cm, zarte Pflanze, nicht entgeizen, kältetolerant
**Ertrag:** 8 Blütenstände mit 5 bis 6 Blüten, früh bis spät
**Verwendung:** Direktverzehr, Salat, Gemüse
**Standort:** Gewächshaus, Terrasse, Kübel, Ampel
**Historie:** Hier haben wir eine Kreuzung zwischen ´Subarctic` und einer ´Beefsteaktomate` aus Montana, gezüchtet von Ken Fisher. Sie ist an kalte Regionen angepasst und anderen frühen Sorten geschmacklich überlegen.

Fleischtomate

## 'Rosella Purple'

**Frucht:** purpurfarben, bis 300 g
**Geschmack:** intensives Tomatenaroma, perfekte Süße und Säure, saftig
**Pflanze:** Zwergwuchs, bis 80 cm, zarte Pflanze, mittlere Verzweigung
**Ertrag:** 8 bis 10 Blütenstände mit 6 bis 8 Blüten, mittelfrüh
**Verwendung:** Direktverzehr, Concassée, Salat, Saft
**Standort:** geschützt auf Terrasse und Balkon
**Besonderheiten:** ´Rosella Purple` ist eine sehr schöne und geschmacklich hervorragende „Dwarf-Tomate“, die nicht ohne Regenschutz auskommt.

## 'Rose Quartz Multiflora'

**Frucht:** bis 15 g, rosarot, feste Schale
**Geschmack:** überaus delikat würzig mit verhaltenem Zuckeranteil, saftig, knackig
**Pflanze:** hoch wachsend, bis 180 cm, sehr gesundes Laub, teilweise entgeizen
**Ertrag:** unzählbar viele mehrfach verzweigte Blütenstände mit bis zu 50 Blüten, früh bis sehr spät
**Verwendung:** Naschsorte, Garniersorte, Salat, Trocknen
**Standort:** Gewächshaus, Freiland, Kübel, Ampel
**Historie:** Man muss die Massen von Früchten der ´Multiflora` aus Massachusetts gesehen haben, das kann keine andere Sorte.

Cocktail-/Rundtomate

## 'Rotkäppchen'

**Frucht:** bis 90 g, unterschiedlich große Früchte
**Geschmack:** perfekt fruchtig tomatig mit Säure und Süße, saftig
**Pflanze:** mittelhoch wachsend, bis 150 cm, kaum entgeizen, Kartoffelblatt, Stütze erforderlich
**Ertrag:** 10 bis 12 Blütenstände mit 6 bis 10 Blüten, mittelfrüh
**Verwendung:** Frischverzehr, Salat, Sauce
**Standort:** Gewächshaus, Kübel, geschütztes Freiland
**Historie:** ´Rotkäppchens` Herkunft wird mit Quedlinburg angegeben. Sie bringt gute Erträge für eine Balkontomate, sollte aber nicht zu spät geerntet werden.

Cocktailtomate

## 'Sandpoint'

**Frucht:** rot, bis 40 g, feste Schale, platzfest
**Geschmack:** mild-aromatisch mit feiner Säure
**Pflanze:** niedrig und determiniert wachsend, bis 30 cm, Stütze erforderlich
**Ertrag:** 10 bis 12 Blütenstände mit 8 bis 10 Blüten, sehr früh
**Verwendung:** Naschfrucht, Rosinen, Salat
**Standort:** Terrasse, Kübel
**Historie:** ´Sandpoint` wurde von Dr. Art Boe an der Universität von Idaho entwickelt und kommerziell 1978 eingeführt.

## 'Shadow Boxing'

**Frucht:** mit Spitze, rot-orange, goldorange, violettblau, gestreift, bis 80 g, feste Schale
**Geschmack:** überraschend würzig-aromatisch mit Süße
**Pflanze:** determiniert wachsend, bis 120 cm, Stütze erforderlich, nicht entgeizen
**Ertrag:** 8 Blütenstände mit 8 bis 10 Blüten, mittelfrüh
**Verwendung:** Dekoration, Frischverzehr, Salat
**Standort:** Gewächshaus, Freiland, Kübel
**Historie:** Hier haben wir eine der besten Neuzüchtungen von T. Wagner/USA. Wenn man die Pflanze wöchentlich dreht, werden die Früchte vollständig violett.

Cocktailtomate

## 'Shorty'

**Frucht:** rot, bis 20 g
**Geschmack:** mild-aromatisch, etwas Süße, etwas Säure
**Pflanze:** determiniert und kompakt wachsend, bis 50 cm, Stütze erforderlich, Kartoffelblatt, nicht entgeizen
**Ertrag:** 10 Blütenstände mit 10 bis 12 Blüten, früh
**Verwendung:** Naschfrucht, Salat, Trocknen
**Standort:** Gewächshaus, Terrasse, Kübel, Ampel
**Historie:** Wie der Name schon sagt, ist ´Shorty` eine reich tragende Topftomate für Balkon und Terrasse.

Rundtomate

## 'Sibirische Frühe'

**Frucht:** Rundtomate, leuchtend rot, glänzende Schale, bis 100 g
**Geschmack:** aromatisch mit ausgewogenem Zucker- und Säureanteil
**Pflanze:** determiniert wachsend, bis 70 cm, Stütze erforderlich, kältetolerant, nicht entgeizen
**Ertrag:** 6 bis 7 Blütenstände mit 6 bis 8 Blüten, sehr früh bis spät
**Verwendung:** Salat, Concassée, Sauce, Frischverzehr, Suppe
**Standort:** Gewächshaus, Freiland, Kübel
**Historie:** ´Sibirische Frühe` wurde von einem Russen aus Sibirien nach Kanada mitgebracht. Sie eignet sich besonders für die Topfkultur.

## 'Sleeping Lady'

Fleischtomate

**Frucht:** mahagoni-rot, dünne Schale, bis 250 g
**Geschmack:** exzellentes und ausbalanciertes Tomatenaroma, saftig
**Pflanze:** Zwergwuchs, bis 100 cm, gesundes Wachstum
**Ertrag:** 9 bis 10 Blütenstände mit 6 bis 8 Blüten, früher Erntebeginn
**Verwendung:** Saft, Salat, Sauce, Concassée
**Standort:** geschützter, aber auch ungeschützter Standort auf Terrasse und Balkon
**Historie:** Diese tolle Sorte aus dem Dwarf-Tomaten-Projekt wurde von Sherry Shiesl aus Alaska gezüchtet und nach der „Legend oft the Sleeping Lady“ benannt.

## 'Smal Egg'

Wild-/Cocktailtomate

**Frucht:** rot, saftig-knackig, bis 10 g
**Geschmack:** köstlich aromatisch mit deutlichem Zuckeranteil
**Pflanze:** mittelhoch wachsend, bis 150 cm, lockerer Wuchs, nicht unbedingt entgeizen
**Ertrag:** viele Blütenstände mit bis zu 15 Blüten, früh bis spät
**Verwendung:** Naschfrucht, Salat, Garniersorte
**Standort:** Freiland, Terrasse, Kübel, Ampel, Spalier
**Historie:** Der überaus reiche Ertrag weist darauf hin, dass es sich noch um eine Wildsorte handelt. Die nicht ganz platzfesten Früchte fallen leicht ab.

## 'Splah of Cream'

**Frucht:** rot mit grünen später orangefarbenen Streifen, bis 80 g
**Geschmack:** fruchtig frisches Aroma mit etwas Zucker
**Pflanze:** hoch und schlank wachsend, bis 200 cm, Laub und Stängel panaschiert, mehrtriebig ziehen
**Ertrag:** 8 bis 10 Blütenstände mit 6 bis 8 Blüten, anhaltender, hoher Ertrag, mittelspät
**Verwendung:** Salat, Dekoration, Gemüse
**Standort:** Gewächshaus, geschütztes Freiland, großer Kübel
**Historie:** Diese als Zierpflanze geeignete Sorte mit sensationellem Aussehen (die unreifen Früchte sind grün-gelb-weiß panaschiert) könnte aus Irland oder England stammen. Sie ist auch unter der Bezeichnung 'Variegated' verbreitet.

# 'Stick'

**Frucht:** braun-rot geflammt mit grünen Sprenkeln, bis 60 g, feste Schale
**Geschmack:** erfrischend säuerlich, mild-aromatisch
**Pflanze:** hoch wachsend, bis 180 cm, sehr schlank, kaum verzweigt, nicht entgeizen, gelocktes Laub
**Ertrag:** 8 Blütenstände mit 4 bis 6 Blüten, mittelspät bis zum Frost
**Verwendung:** Salat, Direktverzehr, Zierpflanze
**Standort:** Gewächshaus, Terrasse mit Regenschutz, Kübel
**Historie:** Diese Mutation der Sorte ´Stokesdale` hatte 1958 ihren Ursprung in Jacksonville/Texas. Sie wurde für "La Station d'Agriculture Expérimentale" gezüchtet. Ihre Blätter sehen aus wie eingerollt und stehen dicht beieinander.
Neben der Bezeichnung ´Stick` ist diese Sorte ebenfalls als ´Curl` im Umlauf.
Der schlanke, fast unverzweigte Wuchs macht sie zur idealen Balkontomate.

Fleischtomate

## 'Sweet Scarlett Dwarf'

**Frucht:** rot, teilweise gerippt, bis 250 g
**Geschmack:** ausgeprägt fruchtig-aromatisch mit Zuckerdominanz, saftig
**Pflanze:** Zwergwuchs, bis 100 cm, Kartoffelblatt, mittlere Verzweigung
**Ertrag:** 12 bis 15 Blütenstände mit 4 bis 5 Blüten, mittelfrüh
**Verwendung:** Concassée, Direktverzehr, Salat, Saft
**Standort:** geschützter Ort auf Terrasse und Balkon
**Historie:** Die Mitglieder des „Dwarf Tomato Projects" halten diese Sorte für die geschmacklich hervorragendste.

Cocktailtomate

## 'Tangella'

**Frucht:** orange, bis 30 g
**Geschmack:** erfrischend fruchtig-aromatisch, fein würzig
**Pflanze:** mittelhoch wachsend, bis 160 cm, robuste Pflanze
**Ertrag:** bis zu 15 Blütenstände mit bis zu 10 Blüten, früh
**Verwendung:** Naschfrucht, Garniersorte, Salat
**Standort:** Gewächshaus, Freiland, Terrasse, Kübel
**Historie:** ´Tangella` wurde in England aus der Sorte ´Ailsa Craig` weiterentwickelt. Sie ist eine ausgezeichnete Freilandtomate und kann bis 1930 zurückverfolgt werden.

## 'Tasmanian Chocolate'

Fleischtomate

**Frucht:** dunkel mahagonifarben, bis 300 g
**Geschmack:** delikat ausgewogenes Aroma, saftig
**Pflanze:** Zwergwuchs, bis 100 cm, stark verzweigend, gesundes Wachstum
**Ertrag:** 8 bis 10 Blütenstände mit 7 bis 8 Blüten, früher Erntebeginn
**Verwendung:** Salat, Sauce, Concassée, Brotbelag
**Standort:** Balkon und Terrasse, auch ungeschützt
**Historie:** ´Tasmanian Chocolate` aus dem Dwarf Tomatenprojekt zeichnet sich vor allem durch einen hohen Ertrag aus.

## 'Tasty Wine'

Fleischtomate

**Frucht:** pink-rot, glatt, bis 250 g
**Geschmack:** ausgewogen aromatisch, nicht zu sauer, nicht zu süß, saftig
**Pflanze:** Zwergwuchs, schlanker Wuchs, gesundes Wachstum, Kartoffelblatt, wenig verzweigend
**Ertrag:** 5 bis 6 Blütenstände mit 7 bis 8 Blüten, mittelspät, mittlerer Ertrag
**Verwendung:** Salat, Sauce, Concassée, Brotbelag
**Standort:** geschützter Platz auf Balkon oder Terrasse
**Historie:** ´Tasty Wine` gehört innerhalb der Gruppe der Dwarf-Tomaten zu den später reifenden Sorten.

Cocktailtomate

## 'Tigerette'

**Frucht:** eiförmig, gelb-orange oder rot-gelb gestreift, bis 30 g
**Geschmack:** mild-aromatisch, verhaltener Zuckeranteil
**Pflanze:** kompaktes Wachstum, bis 50 cm, hellgrünes Laub, keine Stütze erforderlich, nicht entgeizen
**Ertrag:** 8 bis 12 verzweigte Blütenstände mit 6 bis 7 Blüten, mittelfrüh bis spät
**Verwendung:** Naschfrucht, Garniersorte, Salat
**Standort:** Gewächshaus, Terrasse, Kübel, Balkonkasten
**Historie:** Die sehr ertragreiche Tigerette besticht durch ihr außergewöhnliches Laub und die zweierlei gefärbten Früchte.

Rundtomate

## 'Tigerilla'

**Frucht:** grün-orange gestreift, bis 80 g, dicke Schale
**Geschmack:** feinwürzig mit verhaltenem Zuckeranteil
**Pflanze:** mittelhoch wachsend, bis 150 cm, schlanker Wuchs, dunkles Kartoffelblatt, mehrtriebig ziehen
**Ertrag:** 5 Blütenstände mit 8 bis 10 Blüten, mittelfrüh
**Verwendung:** Direktverzehr, Salat, Garniersorte
**Standort:** Gewächshaus, Terrasse, Kübel
**Historie:** Ihre Namen klingen zum Verwechseln ähnlich, doch ´Tigerilla` unterscheidet sich deutlich in der Färbung von ´Tigerella`.

## 'Tiny Tiger'

**Frucht:** rot-gelb gestreift, bis 30 g
**Geschmack:** würzig-aromatisch mit deutlicher Süße
**Pflanze:** niedrig und kompakt wachsend, bis 50 cm, blaugrünes Kartoffelblatt, nicht entgeizen, Stütze erforderlich, wenig anfällig
**Ertrag:** 6 bis 7 verzweigte Blütenstände mit 5 bis 6 Blüten, früh
**Verwendung:** Naschfrucht, Garniersorte, Salat
**Standort:** Gewächshaus, Freiland, Kübel
**Historie:** ´Tiny Tiger` von R. Kraft aus dem Jahr 1997 ist nicht nur hübsch anzusehen sondern auch lecker. Von allen Balkonsorten kann man sie am längsten beernten.

## 'Tomatito de Jalapa'

**Frucht:** rot, bis 3 g, feste Schale
**Geschmack:** ursprüngliches würziges Tomatenaroma mit verhaltener Süße
**Pflanze:** mittelhoch und buschig wachsend, bis 60 cm, sehr pilztolerant
**Ertrag:** Massen von kleinen Blütenständen mit 6 bis 8 Blüten, Ernte bis zum Frost
**Verwendung:** Naschfrucht, Garniersorte, Tomatenrosinen
**Standort:** Freiland, Terrasse, Kübel, Ampel
**Historie:** Die ´Tomatito de Jalapa` ist eine Wildsorte aus Mexico, die besser im Freiland steht. Wegen ihrer geringeren Wüchsigkeit kann man sie durchaus auf dem Balkon händeln.

Cocktailtomate

## 'Totem'

**Frucht:** rot, bis 30 g, feste Schale
**Geschmack:** mild-aromatisch mit etwas Süße
**Pflanze:** determiniert und kompakt wachsend, bis 40 cm, keine Stütze erforderlich, nicht entgeizen
**Ertrag:** 6 bis 8 Blütenstände mit 6 bis 7 Blüten, mittelfrüh bis spät
**Verwendung:** Naschfrucht, Salat, Trocknen,
**Standort:** Gewächshaus, Kübel, Terrasse, Balkonkasten
**Historie:** ´Totem` ist eine perfekte Sorte für die Balkonkultur, deren Früchte nach und nach reifen.

Cocktailtomate

## 'Tumbling Tom Red'

**Frucht:** teilweise mit Spitze, leuchtend rot, bis 15 g
**Geschmack:** fein-würzig mit verhaltenem Zuckeranteil, saftig
**Pflanze:** niedrig wachsend, bis 70 cm, nicht entgeizen, Stütze erforderlich
**Ertrag:** 8 bis 10 verzweigte Blütenstände mit 15 bis 20 Blüten, früh bis spät
**Verwendung:** Naschfrucht, Salat, Trocknen
**Standort:** Gewächshaus, geschütztes Freiland, Kübel, Ampel, Bodendecker
**Historie:** ´Tom Red` ist als Hängeform geeignet. Sie überrascht durch hohen Ertrag und ist eine ideale Kombination mit ´Tom Yellow`.

## 'Tumbling Tom Yellow'

**Frucht:** teilweise mit Spitze, gelb, bis 15 g
**Geschmack:** mild-aromatisch mit Süße, saftig
**Pflanze:** niedrig wachsend, bis 70 cm, nicht entgeizen, Stütze erforderlich
**Ertrag:** 8 bis 10 verzweigte Blütenstände mit 15 bis 20 Blüten, früh bis spät
**Verwendung:** Naschfrucht, Salat, Trocknen
**Standort:** Gewächshaus, geschütztes Freiland, Kübel, Ampel, Bodendecker
**Historie:** Auch ´Tom Yellow` ist als Hängeform geeignet, besticht durch guten Ertrag und ist die ideale Kombination mit ´Tom Red`.

## 'Uluru Ochre'

**Frucht:** kaum gerippt, ockerfarben, bis 400 g, gut schälbar
**Geschmack:** hocharomatisch, sehr delikat, saftig
**Pflanze:** Zwergwuchs, bis 60 cm, zarte Pflanze, wenig verzweigend
**Ertrag:** 5 bis 6 Blütenstände mit 5 bis 6 Blüten, mittelfrüh
**Verwendung:** Direktverzehr, Concassée, Saft
**Standort:** Terrasse und Balkon mit Überdachung
**Historie:** Geschmacklich ist diese Sorte für mich eine der besten aus dem Dwarf Tomatenprojekt mit einem verhältnismäßig hohen Ertrag.

Fleischtomate

## 'Varenblad'

**Frucht:** dunkelrot, bis 300 g, dünne Schale
**Geschmack:** aromatisch mit perfektem Zucker-Säure-Verhältnis, schmelzendes Fruchtfleisch
**Pflanze:** bis 80 cm, zarte Pflanze mit feinfiedrigem Laub, wenig entgeizen
**Ertrag:** 4 Blütenstände mit 5 bis 6 Blüten, frühe Ernte
**Verwendung:** Frischverzehr, Salat, Concassée, Saft
**Standort:** Gewächshaus, geschütztes Freiland, Kübel
**Historie:** ´Varenblad` ist auch als kriechende Tomate bekannt. Sie kann als Bodendecker gezogen werden. Ihr Blatt erinnert an Farnblätter oder auch Karottenblätter. Sie könnte mit „Carrot Like“ identisch sein.

Fleischtomate

## 'Wherokowhai'

**Frucht:** gelb-rot gestreift, dünnschalig, bis 500 g
**Geschmack:** köstlich süß-fruchtig-aromatisch, saftig
**Pflanze:** Zwergwuchs, bis 120 cm, mittlere Verzweigung, kräftiges Wachstum, Kartoffelblatt
**Ertrag:** 10 bis 12 Blütenstände mit 8 bis 10 Blüten, früher Erntebeginn
**Verwendung:** Concassée, Brotbelag, Saft
**Standort:** Balkon und Terrasse mit und ohne Regenschutz
**Historie:** ´Wherokowhai` entstammt dem Dwarf Tomatenprojekt. Der Name ist ein Maori-Wort und bedeutet gelb-rot. Aussprache: fer-dow-co-fi

## 'Whippersnapper'

**Frucht:** mit Spitze, rosa-rot, feste Schale, bis 15 g
**Geschmack:** würzig-fruchtig mit Tendenz zur Süße
**Pflanze:** niedrig wachsend, bis 40 cm, zarte Pflanze, Stütze kaum möglich, nicht entgeizen, wärmeliebend
**Ertrag:** 10 bis 12 verzweigte Blütenstände mit 10 bis 12 Blüten
**Verwendung:** Naschfrucht, Dekoration, Salat, Trocknen
**Standort:** Gewächshaus, Kübel, Terrasse, Ampel, Bodendecker
**Historie:** ´Whippersnapper` ist die ideale Hängetomate, da sie sich wie ein Teller ausbreitet. Sie dürfte englischer Herkunft sein. Guter Geschmack ist nur in Tomatensommern zu erreichen.

## 'Wilford'

**Frucht:** eiförmig mit Spitze, rot, bis 20 g, kaum Samen
**Geschmack:** würzig-tomatig mit verhaltenem Zuckeranteil
**Pflanze:** determiniert wachsend, bis 50 cm, Stütze erforderlich
**Ertrag:** 8 bis 10 verzweigte Blütenstände mit bis zu 10 Blüten, früh bis mittelspät
**Verwendung:** Naschfrucht, Salat, Tomatenrosinen
**Standort:** Gewächshaus, Terrasse, Kübel
**Historie:** ´Wilford` wurde in Wyoming für kurze Ernteperioden gezüchtet. Sie ist mindestens seit 1983 bekannt.

# 'Windowbox Yellow'

**Frucht:** gelb, bis 30 g
**Geschmack:** kontrastreich fruchtig-würzig, verhalten süß
**Pflanze:** determiniert und kompakt wachsend, bis 30 cm, keine Stütze erforderlich, nicht entgeizen
**Ertrag:** 6 bis 8 verzweigte Blütenstände mit 8 bis 10 Blüten, früh bis mittelspät
**Verwendung:** Naschfrucht, Garniersorte, Salat
**Standort:** Gewächshaus, Terrasse, Kübel, Balkonkasten
**Historie:** Die Reifezeit dieser vor allem für Balkon und Terrasse geeigneten Sorte beträgt nur 55 Tage.

## 'Wooly Blue Jay'

**Frucht:** braunrot mit violetten Anteilen, behaart, vollfleischig, dicke Schale, bis 60 g
**Geschmack:** delikat würzig-aromatisch mit verhaltenem Zuckeranteil
**Pflanze:** mittelhoch und kompakt wachsend, bis 140 cm, behaarte Blüten, Blätter und Stengel, kaum entgeizen, Stütze erforderlich
**Ertrag:** 9 bis 10 Blütenstände mit 6 bis 10 Blüten, mittelfrüh bis spät
**Verwendung:** Garniersorte, Salat, Direktverzehr, Zierpflanze
**Standort:** Gewächshaus, Terrasse, Kübel
**Historie:** Entwickelt von T. Wagner, scheint diese Sorte noch nicht stabil zu sein, denn es finden sich verschiedene Varianten. Behaarung und Farbe sind spektakulär. Da sehr wärmeliebend ist geschützter Anbau empfehlenswert.

## 'Yaponskiy Karlik'

**Frucht:** rot, bis 80 g, platzfest
**Geschmack:** würzig-aromatisch, zurückhaltende Süße
**Pflanze:** determiniert und kompakt, bis 50 cm, Stütze erforderlich, nicht entgeizen
**Ertrag:** 6 bis 8 Blütenstände mit 5 bis 8 Blüten, sehr früh bis mittelspät
**Verwendung:** Salat, Sauce, Frischverzehr
**Standort:** Gewächshaus, Terrasse, Kübel
**Historie:** Diese Tomate ist eine frühe, kommerzielle Sorte aus Russland und bringt einen hohen Ertrag für eine Balkontomate. Bekannt ist sie ebenfalls unter der Bezeichnung ´Japanische Dwarf`.

## 'Yellow Grape'

Wildtomate

**Frucht:** gelb, traubenförmig, bis 10 g, platzfest
**Geschmack:** obstartig süß-aromatisch mit feiner Säure
**Pflanze:** determiniert wachsend, bis 80 cm, nicht entgeizen
**Ertrag:** große Blütenstände mit 70 bis 120 Blüten pro Traube
**Verwendung:** Naschfrucht, Garniersorte
**Standort:** Freiland, Terrasse, Kübel, Ampel (eventuell entgeizen)
**Historie:** Hier haben wir eine begrenzt wachsende Wildtomate, die sehr ertragreich ist und deren Früchte gut lagerfähig sind. Es gibt ebenfalls hoch wachsende „Grape-Varietäten".

## 'Zuckerbusch'

Fleischtomate

**Frucht:** leuchtend rot, flachrund, leicht gerippt, bis 150 g
**Geschmack:** würzig-fruchtig mit Süße, saftig
**Pflanze:** determiniert wachsend, bis 60 cm, Stütze erforderlich, nicht entgeizen
**Ertrag:** 5 bis 6 Blütenstände mit 4 bis 6 Blüten, mittelspät
**Verwendung:** Salat, Sauce, Concassée, Brotbelag
**Standort:** Gewächshaus, Terrasse, Kübel
**Historie:** Für eine Balkonsorte überzeugt Zuckerbusch durch Geschmack und reichliche Ernte.

´Rose Quartz Multiflora´

# Nützliche Adressen

## Vereine & Gesellschaften

### Arche Noah
Gesellschaft für die Erhaltung der Kulturpflanzenvielfalt und ihre Entwicklung
Sortenarchiv und Versuchsgarten, Biologisches Saatgut und Jungpflanzen
Obere Strasse 40
A-3553 Schiltern
www.arche-noah.at

### Pro Specie Rara
Gemeinnützige schweizerische Gesellschaft für die kulturhistorische und genetische Vielfalt von Pflanzen und Tieren
Pro Specie Rara Deutschland
Kartäuserstrasse 49
79102 Freiburg
www.prospecierara.ch

### VEN
Verein zur Erhaltung der Nutzpflanzenvielfalt e.V.
Samen-Tauschbörse
Sandbachstrasse 5
38162 Schandelah
www.nutzpflanzenvielfalt.de

## Bezugsquellen

### Jörn Meyer Gemüsebau
Saatgut, Pflanzen, Früchte
Kremper Rhin 6
25348 Blomesche Wildnis
www.tomatenmitgeschmack.de

### Bio-Saatgut
Gaby Krautkrämer
250 Tomatensorten
Weingartenstraße 58
97525 Frickenhausen am Main
www.bio-saatgut.de

### Biolandhof Jeebel
Biogartenversand OHG, Samen, Bodenanalyse, Nützlinge, Dünger
Jeebel 17
29416 Riebau OT Jeebel
www.biogartenversand.de

**Manfred Hahm-Hartmann**
Privates Samenarchiv
über 1500 Tomatensorten
Wilhelm-Löhe-Str. 5
95176 Konradsreuth
http://tomaten.bplaced.net/tomatenhahm.html

**Dreschflegel**
Biologisches Saatgut
In der Aue 31
37213 Witzenhausen
www.dreschflegel-saatgut.de

**Fesaja-Versand**
Susanne Hammerschlag
Exotische Saatgutraritäten
Dorfstrasse 23
37318 Schönhagen
www.fesaja-versand.de

**Irinas Tomaten & Kräuter**
1200 Tomatensorten
Blattenhof 1
93142 Maxhütte-Haidhof
www.irinas-tomaten.de

# Weitere Internetadressen

**tatianastomatobase.com**
Tatiana Kochnareva, Sortenbeschreibungen in Englisch

**www.tomatenatlas.de**
7000 Tomatensorten, Fotos und Beschreibungen alphabetisch

**www.tomatofest.com**
Samen von 650 Heirloom-Tomatensorten

**www.tomaten.de**
Informationen rund um die Tomate

**www.tomaten-welt.de**
Informationen rund um die Tomate

**www.lilatomate.de**
Saatgut, Jungpflanzen, Tomatenfrüchte, Gartenführungen, Präsentationen, Workshops

**www.reinhard-kraft.de**
Fotogalerie mit 1000 Tomatensorten

# Saatgutfestivals

Die Saatgutfestivals in Köln und Düsseldorf, aber auch in vielen anderen Städten Deutschlands, bieten den privaten Gärtnerinnen und Gärtnern die Möglichkeit, Saatgut alter Gemüsesorten zu erwerben.

**www.saatgut-festival.de**

**www.nutzpflanzenvielfalt.de**

# Literatur

**Atlas der erlesenen Paradeiser**
Erich Stekovics, Julia Kospach, Peter Angerer
Löwenzahn Verlag

**Tomate**
Luzia Ellert, Gabriele Halper, Elisabeth Ruckser
Collection Rolf Heyne

**Tomate - Sinnlicher Gaumenschmaus, Sortenkunde, Kultivierung**
Lindsay & Patrick Mikanowski
Augustus

**Epic Tomatoes**
Craig LeHoullier
Storey Publishing

**Kochuniversität Tomaten**
Jürgen Dollase
Tre Torri

**100 Heirloom Tomatoes for the American Garden**
C.J.Male
Workman Press

**The Great Tomato Book**
Gary Ibsen
Ten Speed Press

**Tomaten - Meine Leidenschaft**
Irina Zacharias, Tom Rosenberger
H.F.Ullmann

**Tomatenliebe: Wie Amore und die Olympische Flamme den Weg in meinen Garten fanden**
Melanie Grabner
Ulmer-Verlag

**Speiseräume - Die Ernährungswende beginnt in der Stadt**
Oekom-Verlag

**Urban Gardening: Über die Rückkehr der Gärten in die Stadt**
Christa Müller
Oekom-Verlag

**Brot und Backstein - Wer ernährt die Städte der Zukunft?**
Wilfried Bommert
Ueberreuter-Verlag

**Saatgut - Wer die Saat hat, hat das Sagen**
Anja Banzhaf
Oekom-Verlag

# Danksagung

Mein Dank geht an alle, die nach so vielen Jahren meiner Tomatenleidenschaft des Themas immer noch nicht überdrüssig geworden sind und das betrifft vorrangig neben vielen Freunden und Bekannten meine immer größer werdende Familie.
Bei der Überarbeitung dieses Buches waren mir eine große Hilfe Robert Hoser, der mir immer wieder seine Tomatensorten zur Verfügung stellt, meine Samentauschpartner Elfriede Eigenthaler und Regina Jungmaier, Helga Pöhlmann-Hoppe, die Jahr für Jahr beim Verkauf der Tomatenpflanzen mit dabei ist, Luca Schulz und seine Freundinnen und Freunde, die mich beim Aufziehen und Fotografieren der Balkonsorten unterstützten, Sigrid Hauser, die während meiner Abwesenheiten in meinem Gemüsegarten nach dem Rechten sieht und die immer wieder Lust auf gemeinsames Kochen hat und ganz besonders unser Neffe Mario Amari, der mich mit seiner Leidenschaft zum Kochen und Anrichten von Speisen angesteckt hat und der mir fast täglich seine Kreationen per Whatsapp übermittelt.

Adelheid Coirazza

# Bildquellenverzeichnis

S. 20, Aussaatmethode Foto 1 und 2, Luca Schulz
S. 20, Das Pikieren Bild 2,3 und 4, Luca Schulz
S. 22, Pfropfen wie bei Obstgehölzen, Autor will nicht genannt werden
S. 40, Die Tomatensaison läßt sich verlängern, Norbert Schwarzer
S.182, Im Balkonkasten vor der Hauswand, Norbert Schwarzer
S.184, Prachtvolle und gesunde Pflanzen, Hans-Jörg Kosow
S.187, Ein weiterer neuer Trend, Hartmut Laube
S.189, rechts kleines Foto, Luca Schulz

Adelheid Coirazza

Kontakt: tomatenadel@gmx.de

www.tomatenadel.de
Auf dieser Seite erfahren Sie etwas über die Verkaufstermine von Tomatenpflanzen und das Prozedere der Saatgutbestellung.

# Über die Autorin

Schon als Kind hatte ich mein eigenes kleines Gärtchen innerhalb des Gartens meiner Eltern, in dem ich hauptsächlich Blumen zog, aber auch ein wenig Gemüse anbaute.
1973 heiratete ich einen Sizilianer und wieder musste es eine Wohnung mit Garten sein, in dem wir uns gemeinsam von Jahr zu Jahr nicht nur mit heimischem Gemüse und Obst, sondern auch mit einer Vielzahl von südländischen Spezialitäten zu Selbstversorgern weiterentwickelten.

Als Biologielehrerin an einer Gesamtschule mit Ganztagsbetrieb und einem entsprechenden Freizeitangebot nutzte ich meine Erfahrungen als Hobbygärtnerin und begann mit Schülern, Tomatensamen aus aller Welt zu sammeln. Jedes Jahr im Frühjahr zogen wir eine Vielzahl von Tomatenpflänzchen auf und verkauften diese auf verschiedenen Märkten und innerhalb der Schulgemeinde. Vom Erlös kauften wir Gartengeräte, finanzierten zwei Abschlussfahrten und verliehen einen Teil des Geldes als Kleinkredite über die Organisation KIVA.

Unser Sortiment vermehrte sich von Jahr zu Jahr und ist aktuell auf nahezu 500 Varietäten angewachsen. Alljährlich steht ein Teil dieser Sorten zur Samengewinnung und zur Überprüfung der Krautfäuleanfälligkeit in meinem privaten Gemüsegarten. Inzwischen bin ich pensioniert, bleibe aber in Sachen Tomaten aktiv. Das Thema Urban Gardening und die Zwergtomaten aus dem Dwarf-Tomatenprojekt stehen dabei weiterhin im Fokus.

´Kleine Thai` S. 132

´Kremser Perle` S. 215

´Lilac Gem` S. 216

´Little Heartbreaker` S. 217

´Lollipop` S. 136

´Mirabell` S. 217

´Mühls Mini` S. 218

´Negro Azteca` S. 142

´Peacevine Cherry` S. 150

´Pendulina` S. 219

´Picolino` S. 219

´Pinocchio` S. 220

´Polyarnye` S. 221

´Red Grape` S. 156

´Reinhards Goldkirsche` S. 156

´Rose Quartz Multiflora` S. 223

´Rosii Marunte` S. 157

´Rotkäppchen` S. 224

´Sandpoint` S. 224

´Shorty` S. 226

´Smal Egg` S. 227

´Sungold Select` S. 166

´Sunrise Bumble Bee` S. 167

´Tangella` S. 230

´Teardrop` S. 168

´Tigerette` S. 232

´Tiny Tiger` S. 233

´Totem` S. 234

´Tumbling Tom Red` S. 234

´Tumbling Tom Yellow` S. 235

´Whippersnapper` S. 237

´Wilford` S. 237

´Windowbox Yellow` S. 238

´Zuckertraube Grün` S. 181

# Eiertomaten

´De Berao` S. 112

´De Berao Gold` S. 113

´Ei von Phuket` S. 114

´Gargamel` S. 119

´Omas Beste` S. 145

´Oranzhevje Slivki` S. 148

´Power's Heirloom` S. 153

´Principe Borghese` S. 153

´Prue` S. 154

´Prune Jaune` S. 154

´Shadow Boxing`
S. 225

´Teardrop`
S. 168

# Flaschentomaten

´Andenhorn`
S. 91

´Andenhorn gelb`
S. 91

´Blush`
S. 104

´Chinese`
S. 109

´Green Sausage`
S. 210

´Himmelsstürmer`
S. 128

´Indian Redfield`
S. 213

´Jelly Bean`
S. 214

´Kasachstan Rote Flasche` S. 131

´Perzewidnij`
S.151

´Plum Lemon`
S. 152

´Pomodora`
S. 221

´Striped Roman`
S. 164

´Tegucigalpa`
S. 169

´Tonnelet`
S. 171

´You Go`
S. 178

# Fleischtomaten

´Ananas`
S. 90

´Ananas Noire`
S. 90

´Azoychka Yellow`
S. 93

´Beauty Queen`
S. 94

´Berkeley Tie Dye Pink` S. 95

´Big Rainbow`
S. 97

´Black Altai`
S. 98

´Black from Tula`
S. 99

´Black Iceberg`
S. 99

´Black Mountain Pink` S. 100

´Black Seaman`
S. 100

´Black Zebra`
S. 101

´Blue Beauty`
S. 102

´Boy Boy`
S. 105

´Brandywine Pink`
S. 106

´Calabacito Rojo` S. 132

´Cherokee Purple` S. 108

´Copia` S. 109

´Dwarf Arctic Rose` S. 200

´Dwarf Wild Spud-leaf` S. 202

´Esti` S. 115

´Extreme Bush` S. 203

´Fandango` S. 117

´Feuerwerk` S. 117

´German Gold` S. 120

´Giant Green Zebra` S. 121

´Gigant aus Tasch-kent` S. 122

´Gioia della Mensa` S. 122

´Golden Queen` S. 123

´Golden Celebration` S. 124

´Green Zebra` S. 125

´Großer Wiener Stummerer` S. 126

´Grüne von Helarios` S. 126

´Haselhuhn` S. 211

´Indigo Apple` S. 129

´Kasachstan Rubin` S. 131

´Kimberly` S. 132

´Königin der Nacht` S. 133

´Lilian's Yellow Heirloom` S. 135

´Livingston's Beauty` S. 136

´Mandarin` S. 137

´Marglobe` S. 137

´Marianna's Peace` S. 138

´Marizol Bratka` S. 139

´Marmande` S. 139

´Mary Robinson German Bicolor` S. 140

´Multi Color` S. 142

´Nepal` S. 143

´Noire de Crimée` S. 143

´Oaxacan Jewel` S. 144

´Old German` S. 144

´Orange Fleshed Purple Smudge` S. 146

´Pansy Ap` S. 149

´Paul Robeson` S. 149

´Pink Lemon` S. 153

´Rosella Purple` S. 222

´Ruby Gold` S. 157

´Russian Cossack` S. 158

´Ruth's Perfect` S. 158

´Schlesische Himbeere` S. 159

´Schwarze Russische` S. 159

´Schwarze Sarah` S. 160

´Shah` S. 160

´Shimmeig Creg` S. 161

´Sioux` S. 162

´Sleeping Lady` S. 227

´Sorrento` S. 163

´St. Pierre` S. 163

´Sweet Scarlet Dwarf` S. 230

´Tasmanian Chocolate` S. 231

´Tasty Wine` S. 231

´Tiffen Mennonite` S. 169

´Uluru Ochre` S. 235

´Varenblad` S. 236

´Vintage Vine` S. 172

´Watermelon` S. 172

´Wherokowhai` S. 236

´Yellow Amish` S. 174

´Yellow With Red Stripes Inside` S.177

´Yellow Zebra` S. 177

´Zehen Reisetomate` S. 180

´Zuckerbusch` S. 241

# Ochsenherztomaten

´Anna Maria's Heart`
S. 92

´Belmonte`
S. 95

´Brad's Black Heart`
S. 105

´Cuore di Bue`
S. 110

´Dwarf Pink Passion`
S. 201

´Dwarf Purple Heart`
S. 201

´Orange Russian`
S. 147

´Wolford Wonder`
S. 173

# Paprikatomaten

´Granny's Throwing`
S. 125

´Liberty Bell`
S. 134

´Yellow Ruffled`
S. 175

´Zapotec Pleated`
S. 179

# Rundtomaten

´Angora Super Sweet` S. 190

´Arkansas Traveler` S. 93

´Auriga` S. 192

´Aurora` S. 192

´Balkonstar` S. 194

´Balkonzauber` S. 195

´Berner Rose` S. 96

´Bonner Beste` S. 104

´Casanova` S. 107

´Delicia Jana Dulcia` S. 200

´Eros von Milan Sosomka` S. 202

´Florida Petit` S. 203

´Fuzzy` S. 118

´Fuzzy Wuzzy` S. 205

´Geranium` S. 206

´Gipsy` S. 123

´Gjumri Afrika` S. 206

´Goldene Königin` S. 124

´Haselhuhn` S. 211

´Iditarod Red` S. 213

´Kremser Perle`
S. 215

´Kumato Bandeja`
S. 134

´Lambada`
S. 215

´Matina`
S. 141

´Moneymaker`
S. 141

´Orange Favorite`
S. 145

´Orange Fleshed Purple Smudge` S. 146

´Oziris`
S. 148

´Pansy Ap`
S. 149

´Pineapple Fog`
S. 151

´Prairie Fire`
S. 222

´Purple Prince`
S. 155

´Purple Rosé`
S. 155

´Rotkäppchen`
S. 224

´Sibirische Frühe`
S. 226

´Sioux`
S. 162

´Splah of Cream`
S. 228

´Stick`
S. 229

´Striped Turkish`
S. 165

´Stupice`
S. 166

´Sweet Carneros Pink` S. 168

´Tigerella`
S. 170

´Tigerilla`
S. 232

´Tommy Toe`
S. 170

´Veni Vidi Vici`
S. 171

´Weißer Pfirsich`
S. 173

´Wolly Blue Jay`
S. 239

´Yaponskiy Karlik`
S. 240

´Yellow Striped Boar` S. 176

´Yellow Vernissage`
S. 176

# Wildtomaten

´Allerkleinst`
S. 190

´Blaue Wildtomate`
S. 196

´Hawaiian`
S. 212

´Hrosnowe`
S. 212

´Mühls Mini`
S. 218

´Parvibaccatum`
S. 218

´Smal Egg`
S. 227

´Tomatito de Jalapa`
S. 233

´Yellow Grape`
S. 241

´Antho Gelb`

# Tomaten 2

248 Historische Sorten
und Wildtomaten

von Adelheid Coirazza
3. Auflage, März 2021

- 248 Sortenbeschreibungen
- 21 Rezeptvorschläge
- 1023 brillante Farbfotos
- 144 Seiten
- 15,90 €

**www.formosa-verlag.de**

Tomaten sind weltweit verbreitet, in Europa gibt es sie seit etwa 450 Jahren. Wo immer sie heimisch sind, haben sie sich an die unterschiedlichsten klimatischen Gegebenheiten angepasst. Es entstanden regionale Sorten und Familiensorten, die von Generation zu Generation selektioniert und weitergegeben wurden. In diesem Buch werden Ihnen 166 dieser historischen Tomatensorten und 42 der noch ursprünglichen Wildtomaten vorgestellt.
Sie werden überrascht sein, wie viel Unterschiedliches es in Sachen Geschmack, Farbe, Form und Konsistenz zu entdecken gibt.
Vorbeugung und Bekämpfung der Krautfäule, die Bestäubung und Kulturmaßnahmen wie Entgeizen und Gießen werden als Tipps für Fortgeschrittene mitgeliefert.
Einige Verarbeitungs – und Rezeptvorschläge dienen als Anregung für eigene Experimente.

Die Gefahr besteht, dass Sie nach ersten Anbauerfolgen auf die gängigen Industrietomaten verzichten wollen!

**Formosa Verlag – Wir stehen für**

# Chilis

Kultur, Sortenempfehlungen
und Rezepte

von Jan Rasche, Jan und Timo Riering
1. Auflage, September 2017

- 162 Sortenbeschreibungen
- Seltene Wildarten
- Die schärfsten Chilis der Welt
- 1076 brillante Farbfotos
- 256 Seiten
- 19,90 €

www.formosa-verlag.de

Basierend auf ihrem ersten Buch „Chili & Paprika“ stellen Ihnen die Autoren 162 farbenprächtige Sorten von süß bis höllisch scharf vor, einschließlich der Weltrekordhalter in Sachen Schärfe. Die Sorten werden auf einer ganzen Seite ausführlich beschrieben und jeweils mit mehreren Fotos vorgestellt.

In einem umfangreichen Kapitel wird die Kultur der Pflanzen detailliert beschrieben. Ebenso wird auf die Geschichte, die Botanik und die gesundheitlichen Vorzüge eingegangen. Außergewöhnliche Wildarten, die bislang kaum bekannt und verbreitet sind, werden ebenfalls vorgestellt. Nicht zuletzt finden sich auf 18 Seiten einige pfiffige Rezepte und Verarbeitungstipps, um die hoffentlich reiche Ernte zu genießen.

Bei so vielen faszinierenden Sorten wird Ihnen die Auswahl schwer fallen, Bezugsadressen für Samen und Pflanzen werden mitgeliefert.

**außergewöhnliche Pflanzenbücher!**

´Striped Turkish`